保護者と仲よくする
5つの秘訣

子どもの生きづらさ、
親の生きづらさに寄り添う

今関和子

高文研

はじめに

もうずい分前から「教師受難時代」だと言われるようになり、教育現場にはジクジクと管理の波が押し寄せるようになりました。そしてこの一、二年、その管理の波はさらに速度を増し、職場を蝕んでいます。同じ職場にいても同僚と話をする暇がないのは当然のようになってしまいました。子どもたちを下校させると、一息つく暇もなく、あくせくとテストの丸つけや、ワークシートの処理を始め、パソコンとのにらめっこが始まる、まるで機械化されたロボットのように教師たちが働いているのが現在の教育現場の姿です。

それと同時に、子どもたちの指導が年々難しくなってきており、保護者との対応もスムーズに進まないことが多くなっています。

私は思うのです。

世の中がおかしくなってきた（誰かが、どこかで、教師を、子どもを、保護者を、どこかへ引きずっていこうとしている）ために、子どもも、保護者も、教師も生きづらくなっていると。

でも今、日々の大変さやシンドさでゆとりをなくし、子どもの指導の難しさを保護者のしつけのせいにしてしまったり、子どもがうまく育たないのは、担任の指導が悪いからだ、と思ってしまったりする風潮も出てきています。子どもの生きづらさも大人の生きづらさも、本当は別のところに大きな原因があるにも拘わらず、弱いもの同士が頭をぶつけ合い、いがみ合うことになっているのではないかと思うと、とても心配になります。

「ちょっと待って！　それは違うよ。問題にしなければいけないことはもっと深いところに、そして別のところにあるのに、私たち弱者同士が、頭をぶつけ合うことはない！」と、私は大きな声で言いたくなります。

教師はどうしたら保護者とうまくやっていかれるか悩んでいます。保護者もどうしたら、子どもをわかってもらえるか、先生と仲よくできるか悩んでいます。

保護者と仲よくできるよう〈自分ができることから始めること。一歩を踏み出すこと。あきらめないこと〉が何より大事だと思うのです。

今、教師を続けていきたいと思っている方、これから教師になろうとしている若い方々の参考になればと思い、今までの私のささやかな実践を、第Ⅰ部では、保護者との対応のヒントになる秘訣を、第Ⅱ部では、私の実践としてまとめました。この本を読んで、一歩を踏み出していただけたらと思っています。

◆——もくじ

本文写真――入江　厚太郎
装丁・商業デザインセンター――増田　絵里
松田　礼一

■写真は本文とは関係ありません。
また、登場する人物の名前はすべて仮名です。

第Ⅰ部

保護者と手をつなぐ5つの秘訣

今、保護者とのトラブルで悩んでいるという話は学校現場では日常化していると言っても過言ではないでしょう。一つ一つのことにクレームをつけてくる、子どもの話をしても通じない、連絡しようとしても連絡が取れないなど、確かにいろいろな問題が起きています。

しかし、保護者も実は子育てに悩んでいるのです。そして、教師も子どもたちをどう指導したらよいのか悩んでいるのです。

もしそうだとしたら、保護者と教師が手をつないで子育てを共にすすめたら、大きなプラスの力となって、子どもたちの教育をすすめることができると思うのです。

なぜ子育てが難しくなってしまったのか、そして教師の苦労もなぜ増えたのか、その理由や原因を探しながらすすめていくことで、「保護者との問題」ととらえていたことが、〈保護者と共にすすめる教育〉に変わっていくのではないでしょうか。

保護者とつながることで、子どもたちへのプラスの影響は倍どころか三倍、四倍に広がっていきます。そうなったら〈保護者とすすめる子育ての楽しさ〉がきっと実感できると思います。

どうやったら保護者と手をつなぐことができるのか、仲よくなれるのか、5つの秘訣をまとめてみました。

Ⅰ　保護者と一緒に悩み、一緒に解決する
——共感する力を持とう

私は保護者と接するとき、次の三つのことを心がけています。

①誠実に保護者に接する。ごまかさない。知らないことは知らないと言う。
②教師だからといって、保護者の悩みや疑問に対する答えを持っているわけではない。子どもの問題の解決の方向は、保護者と一緒につくり出していく。
③保護者の思いを受け止めずに、自分の考えや指導を押しつけてはいないか、自らのあり方をふり返り接する。

〈1〉保護者からの苦情の手紙はなぜくるのか

私は、お父さんやお母さん、保護者の方と一緒に悩み、一緒に解決していく姿勢がとても大切だと思っています。それが〝共感する力〟だと思うのです。

①として「誠実に保護者に接する。ごまかさない。知らないことは知らないと言う」をあげましたが、「誠実」という点で何より大切なのは「知らないことを知らない」と謙虚に言うことだと思います。ですから私は、保護者からの疑問に答えられなかったときには、「すみません。わかりません。勉強してきます」と言って、次の保護者会で答えることにしています。

しかし、**本当に誠実かどうかというのは、実は実際に保護者とトラブったときにわかる**ものです。そのとき、ねばり強く解決していこうとするか、あるいは「あの保護者はいつもうるさく言ってくる。また始まった……」というようなとらえ方をしてしまうか、そこが大きな別れ道のような気がするのです。

「あの保護者はいつもうるさく言ってくる。また始まった……」ととらえたら、保護者が本当に言いたいことを知ることもできず、誤解したまま何も変わりません。もしかしたら教師の指導の仕方に問題があったためにトラブルが起きたかもしれないのです。しかし相手の責任にすることで、教師の指導を振り返ることもなく過ごしてしまうことにもなります。

❖保護者の「苦情」は〈不安や願い〉

一つの例として、ヒロシさんのお母さんの手紙を紹介します。保護者からの苦情の連絡というのは珍しいことではないのですが、私は**「苦情の手紙はないほうがいい」と思ってはいません。苦情をきっかけに保護者との相互理解が生まれることが多い**からです。ヒロシさんのお母さんからの手紙もそうでした。実は、このお手紙をいただく前日、こんなことがあったのです。

国語の時間、漢字の練習で「里」という字を教えていて、この字を使って熟語さがしをしようと子どもたちと授業をしていました。「山里」とか、「里いも」とか、いろいろ出てくる中で、ヒロシさんが「五里霧中」と答えました。彼はＩＱがとても高い子で、ひとつのことにとてもこだわる子どもでした。しかしまだ二年生ですから、私もビックリして、「わあ、すごい言葉知ってるね！」とほめました。そのあとで、

『五里霧中』って、これこれこういう意味なんだよ。でも『霧』という漢字はまだ教えていないし、二年生ではむずかしい言葉だから黒板には書かないね」

そう言ってヒロシさんも納得し、国語の時間を終えたはずでした。しかし次の日、お手紙がきました。

《昨日、学校で嫌なことがあったと言って、家で暴れていました。わけを聞くと、国語の時間に「里」のつく言葉をあげたときに「五里霧中」と答えたのだけれど、先生が意味は説明してくれたけれど、むずかしいからと黒板に書いてもらえなかった。彼としては納得いかないで、そのことでずっと暴れていました。先生の方針や文科省の指導要領などもあるかもしれませんが、むずかしいことを知っていることが自信につながり、本人だけでなく、周囲の向上心を育てることもあるかと思いますので、彼の残念な気持ちをどうかご理解いただき、ご配慮いただけますと幸いです。》

こういう手紙をもらうと、正直カチンときます。腹が立ってしまいます。なぜならこちらも適切に、そして一生懸命対応しているという気持ちがあるからです。

こんなお手紙をもらったときは、**すぐに返事は書かずに一晩おく**ことにしています。こちらがムッとした気持ちのまま返事を書くと、相手にもそのムッとした感情が伝わるだけで、保護者とつながるとは思えないからです。私は、こう返事を書きました。

《黒板に書いてあげられなくてかわいそうなことをしましたね。他の子も今は情報が増えていますから、ビックリするようなむずかしいことを知っています。そんなときは「ちょっとむずかしくてみんな知らないから」と、いつも黒板には書いていません。「五里霧中」の意味は子どもたちに説明し、「すごいねえ、よく知っているねえ」とほめました。でも彼としては黒板に書いてほしかったのですね。今日、もう一度、彼が納得できるように話します。

ご連絡ありがとうございました。また何かあったらおっしゃってください。言葉足らずやらで、納得がいかないことがあったら教えてください。》

こんな返事を書きました。私は、この最後の二行**「また何かあったらおっしゃってください」**が大事だと思っています。保護者からの手紙の返事には必ずといっていいほど書きます。保護者にとっては気になることでも、教師はさほど気に留めなかったり、気づかないことも沢山あるはずです。それを教えてもらったほうが、お互いによい関係が築けるはずです。

保護者は必死で子どもを育てていますから、何かちょっとでもあったら、こちらにとってはほんの些細と思えることでも、大問題として受け止めることもあるのです。それを教師がしっかり受け止め理解しようとしなければ、少しずつ保護者とズレていってしまうのではないかと思います。そうなってしまうのはとても残念なことです。

保護者からの訴えは「苦情」なのではなく〈不安や願い〉、自分の子どもを理解してほしいという「教師への期待」ととらえたらよいのではないかと思います。

〈2〉 保護者の思いの内を知る

「私も間違うことがあります。これからも何かあったら声をかけてください」と応答するのと、「私はこのように指導していて……」と、自分の指導をまず書くのとでは受け止める側の感じ方が違ってきます。言い訳がましいと保護者には受け止められてしまう場合もあります。

苦情の手紙はたいてい、自分の感情を抑えられない気持ちで書かれることが多いですから、こちらは落ち着いて共感的に返事をすることが必要です。手紙は文字としても残りますから、誤解を生まないよう注意することが必要です。

「そうでしたか。それはつらかったですね」

「心配ですね」

「いつでもご相談ください」

……私はそんなふうに書くことが多いのです。保護者が言っていることが事実かどうかは別として、嫌な気分がした、そのときの気持ちを想像してみるからです。

❖「一晩おく効果」

ヒロシさんのお母さんにしても仕事から疲れて帰り、急いで夕飯の支度をし、子どもをお風呂に入れなければならないとバタバタしていたのでしょう。そのとき息子が暴れているのでは、お母さんの疲れは倍になります。ゆとりもなくなったのだろうと思うのです。仕事を持っている母親の、夕方から子どもを寝かすまでの大変さは相当なものだと思います。お母さんも息子の話を聞いて、きっと、私がお母さんの手紙を読んだときと同じように腹が立ったのだと思います。

先生に苦情の手紙を書くということは結構勇気のいることです。でも、なんとも気持ちが収まらずに、一気に手紙を書いたのだと思うのです。そんなことを思うと、ヒロシさんのお母さんの穏やかならぬ気持ちが私にも理解できます。

互いの感情を静めるためにも「一晩おく効果」は保護者とつながるための大きな力になります。使わない手はないと思います。

また、私は保護者会でも、「小さなことだと思っても、気になって一晩眠れないのはつらいですよね。そんなときはすぐに学校に連絡くださってもいいんですよ」と話をすることがあります。どんな悩みであれ、不安で一晩眠れないなんて、もし自分のことであったとしたら、容易にその辛さがわかります。

ですから「そうでしたか。それはつらかったですね」などと話したり書いたりするのは、ちょっとした会話や文章の技術として言っているのではなく、心からそう思うから言えることなのです。そこが大事だと思います。

教師は大勢の子どもを見ているし、接しています。しかし保護者は自分の子どもしか育てていません。その数はせいぜい多くて三、四人です。しかも子育てについての知識や経験も限られたものなのです。今、地域社会がなきに等しい中での子育ては大変孤独なものだと思います。そのことを教師はしっかり頭に入れておかなければいけないと思うのです。そのことがわかれば、「あの保護者はいつもいろいろうるさいことを言ってくる……」などという会話はなくなると思うのです。

確かにわが子のことしか見えていないことも多いですが、他の子どものことや、大きな視野を持つことができない環境なのですから、仕方ないのではないかと思います。

❖「苦情」から学ぶしたたかさを

教師にとって苦情は決して嬉しいものではありません。けれども、保護者の苦情は感情的で歪んだ表現であることも多いのですが、その裏には、**「わが子をわかってほしい」**という思いがあることを承知しておきたいです。それを教師が咀嚼《そしゃく》しておけば「あの〝うるさい保護者〟の子ども……」という目線で子どもに接することを避けることができると思うのです。嫌だと思い、決めつけてしまうと、それ以上わかり合うことが難しくなります。それが一番怖いことです。

また「教師だから答えを知っている（知っていなくてはいけない）」と思うのは違うと書きましたが、教師もある意味で狭い世界と価値観の中で生きています。ですから「いっしょにその答えを見つけていこう」というのはむしろ当たり前かもしれません。しかし教師は教育においてはプロですから、教師として学びながら、保護者と共に解決方法を見つけていこうという姿勢が大事です。私自身「知らないことは知らないと言う」と書きましたが、実際、知らないことは知らないのです。だからごまかさずに勉強することが大事なのだと思います。

教師になりたての若い人から「今、そのことについては知らないけど、これから勉強してがんばります！」と言われたら、保護者は「ナニ言ってるんだ！」とは絶対なりません。誰だって「助けちゃおう！」と思うはずです。ごまかすことがよくないのです。

　私は今、ベテランといわれる年齢の教師です。若い頃よりきっと貫禄も出ていると思いますが、でもやはり若い頃とおなじです。自分がわからないことを質問されたり、疑問に答えられないときは、**「すみません。勉強不足で知りませんでした。次回までには調べておきます」**と言います。歳を重ねたら重ねたなりのプライドがありますから、**中年になって立ち往生したときこそ、初心にもどるべき**だと思います。「聞くは一時《いっとき》の恥、聞かぬは一生の恥」です。いくつになっても「知らない、今さら聞けない」はないのではないでしょうか。「今さら聞けない」という思いになると、自分から知らず知らずのうちに保護者に向かってカベをつくって構えてしまうことになります。ベテラン教師が保護者とのトラブルを抱えた場合、そういったケースがあります。

　私は時折、自分をふり返ることにしています。謙虚な心で仕事をしているか、心が穏やかか、驕《おご》る心が湧いていないかなど……自分自身に問うてみることにしています。いくつになっても学び、〈自分を進化させていく気持ち〉をもち、実行する教師でありたいです。

空気
気あい
気しょう
かい
はいる

〈3〉 保護者に共感できる教師になるために

学校で問題になる子は、保護者自身、悩みながら子育てをしているというケースがほとんどです。その悩みに共感し、共有できることがまず必要だと思います。

❖ シゲチャンのお母さんはなぜ、いきなりしゃべり始めたか

ある年、シゲチャンというADHDの子の担任になりました。五月、家庭訪問の時期になり、シゲチャンの家を訪ねると、お母さんが私を待ちかまえていて、しゃべりだしました。

「先生、聞いてくださいよ。四年のとき、うちの子は大変だったんです。毎日のように担任の先生から電話がかかってきて、『リタリン、飲ませたんですか？ 飲ませてください！』って言われたんです。私も頭がおかしくなりました。でも五年生になってすっかり変わったんですよ。小学校に上がってから『先生が好き！』なんて言ったことがなかったのに、先生が担任になってからそう言うんですよ」

私はその学校に勤務して何年か経っていましたから「あの先生なら聞いてくれる」という評判が伝わっていたのでしょう。それでシゲチャンのお母さんはいきなり話し始めたのですが、そんなときは「あの先生は信頼できるよ」と伝えてくれた人に心の中で感謝します。私の指導がスムーズに進むように後押しし、支えてくれているのです。見えないところで、教師は保護者に助けてもらっているのです。ありがたいことです。

❖シゲチャンが暴れていたわけ

四年生の頃、シゲチャンは先生に認めてもらえないと感じ、暴れていたのでしょう。教師の指導姿勢としては、「子どもを理解しようと、心から接する」ことが大切だと思うのですが、近年、発達障害についての理解が深まってきたために、かえって言葉だけ、あるいは正確な理解ではなく、発達障害だから薬を飲ませなきゃとか、はたまた病気だから仕方がないと、指導の脇においてしまう傾向も出ています。シゲチャンの四年生の担任の先生は「ＡＤＨＤだから暴れるので薬を飲めば治る」と誤解したのでしょう。それで「薬を飲ませたか」と言って電話をしてお母さんを責めることになってしまったのでしょう。それが教師の指導の間違いと保護者とのすれ違いを生むことになってしまったのです。

四月になって、「担任の先生が変わったので薬もやめました」とシゲチャンのお母さんはあっさりとおっしゃいました。私の目から見ても、薬はとりあえず必要がない子でした。

教師が受け止めることが何よりの〝薬〟です。

ちょっと話はそれますが、確かにＡＤＨＤで症状が重い場合は、薬を飲んだ方がいい場合もあります。しかし実際、教師の共感できない思いが子どもに通じて、子どもが荒れるということがあるのです。担任が変わり、教師が子どもに共感的な視線で接することで、暴れていた子どもが大変身したということは結構あることです。発達障害であろうと、他の問題を抱えていようと、そういうことはよく聞きます。保護者であろうと、教師であろうと、大人である私たち自身もそうですが、**〈自分を受け止めてもらえるかどうか〉が根っこのところで一番大事**なことだと思います。

❖人間はみんななぞのある生きもの

そういう意味では人間はみんな違っていて、不思議で、なぞがある生きものだと思うので、私は子どもに出会ったとき、その子どもがどんな子どもか発見することが楽しみでもあります。なぞ解きのように、こんがらがった糸を解《ほど》いていくようなワクワク感がありま す。ひとつ糸が解けると、「なるほど！」と納得する。そんなふうに考えたら、理解できない子どもをわかっていくことも楽しみではないでしょうか。

実際、担任したとき、シゲチャンは一時間座っていられなくて、ずりずりと椅子の下に限りなく消えていってしまう状態でした。

「あ、シゲチャン、シゲチャン、ちゃんとすわろうね」と、一時間に三、四回くらい声をかけるのですが、妙な目つきで私を見るのです。

最初は、てっきり私に反発しているのかなあと思ったのですが、そうじゃなかったのです。集中力が続かなくなりつまらなくなって、ずるずるとずり落ちていたのです。

でも私も教師として、ちゃんと座っていないことをやはり気にしているんですね。様子を見ていたのですが、それ以上「指導」しないでよかったです。家庭訪問でお母さんと話したら、家ではすぐ床にごろごろ横になっていると聞いたので、かえってシゲチャンの学校でのがんばりがわかったのです。**子どもが理解できないときはしばらくそっとして様子を見る**のもいいことだと思います。

しかし一般的には、「一斉授業の枠に入らない子はヘンな子だ」という思いが教師の中にあるように思います。最近はその上、教員評価まで加わってきていますから、「ちゃんと座らせないのは教師の指導力の問題だ！」と管理職から指摘されることにまでなります。これでは、教師が子どもたちを理解しようとする意欲をそぐようなものです。子どもを教育する現場で大問題が起きているのです。

「理解されない子どもはどんなにつらいだろう。子どもの苦しみや思いを汲んでやっていこう」と、教師が子どもに寄り添う思いを持つ余裕もなくされてしまいます。シゲチャンの四年のときの担任の先生だって、一斉授業を成り立たせることが何より大事なんだと思っていたのだろうと思います。だから「リタリン、飲ませたんですか?」という電話になってしまったのでしょう。

❖一人ひとりの発達課題を的確にとらえる大切さ

第Ⅱ部の実践で紹介する愛子（「先生、わたしさびしかった――愛子をいじめに追いつめたもの」120頁～）が、なぜ友達に意地悪をせざるを得なかったのか。これも愛子の発達課題を的確にとらえることができなかったために、「自由気ままにさせていた子育て」が原因であることにして、結果的には愛子と愛子の保護者を追い詰めることになってしまった一例です。

まだ私が二〇代の頃のことです。戦争体験の聞き取り調査をしたことがありました。戦時中子どもだった人たち数人（当時すでに五〇代になっていた人たち）、その方たちの担任の先生から話を聞きました。担任だった先生は当時のことを懐かしげに話しました。実に楽しそうに当時の話をするので、私はとても不可解な気持ちになりました。それで思わず、

「先生は子どもたちを兵士として戦争に送ったことについてどう思っていますか？」と聞いてしまいました。その先生は感情的になって言いました。

「あの頃は仕方なかったのよ。みんな！」と。

そのとき私は「自分がしたことを仕方なかったというような教師にはなりたくない」と思ったのです。後になって、その先生の気持ちを汲まずに、ずい分きついことを言ってしまったと思いました。が、あのとき、自分の言った言葉は、今教師を続けている私を励ましています。時折、若かった頃の私が問いかけてきます。

「あなたは自分がしていることを仕方なかったというような教師をしていないでしょうね」と。

「どんな教師であるべきか」を考えるとき、心に留めています。


今、じりじりと教員統制が〝侵攻〟しています。研修権が剥奪されたのはもう数年前です。ものを考えたり、本を読んだり、気分を変えリフレッシュする時間が奪われてきています。日々の現場では、自己申告、授業改善プラン、指導案まで出させたり、一斉授業をしっかりやることが大事という勢いで、教師を追い込んでいます。ですから子どもに共感できないまま、教師は一斉授業を成り立たせることに、知らず知らずのうちに取り込まれているかも知れません。しかし〝教師の魂〟まで売り渡さないように気をつけなければいけません。教師は子どもたちの未来を拓くために日々仕事をしているのです。

保護者と「一緒に悩んで解決していく、共感していく」のはなかなか難しいことですが、その中で何が支えとなるかというと、人として、子どもへも大人同士へも真摯に向き合って、自分を向上させながら生きていこうとする信条ではないかということです。

そしてもうひとつは、それを支え合い、鍛え合える仲間です。信頼して子どもについて真剣に語り合える仲間、学び合える仲間だと思います。**教師は学び続けなければ、教師であり続けることは難しい**と私は思うのです。

子どもは未発達だから子どもなのです。だから学ぶために学校に来ているのに、「問題のある子」になってしまうのは悲しいことです。**子どもは発達するために問題＝発達課題を持っていて当然**なのです。**解決し、発達を保障するのが教師の仕事**です。子どもや保護者の子育ての問題としてだけ考えたら、極端な話ですが、教師はいらないのです。

Ⅱ　保護者とのトラブルはなぜ起きるのか、そのわけを知って接する

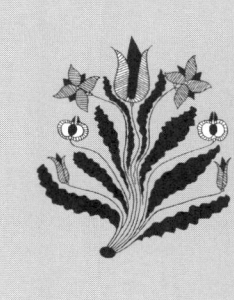

最近、トラブルを起こす保護者のことを「モンスターペアレンツ」だとか、「イチャモン」だとか、「クレーマー」だとか、マスコミで言われています。どれも言い方としては興味本位であり、偏見にも満ちていて気になります。それでも「イチャモン」と「クレーマー」より、まだ「モンスターペアレンツ」という言い方のほうがましだと、私の感覚では感じます。

それは、「クレーマー」は「苦情を申し立てる人」という意味ですし、「イチャモン」に至っては「言いがかりをつける」という意味です。

「モンスターペアレンツ」というのは、「怪物化した保護者」と私はとらえています。つまり、以前は怪物ではなかったのです。それが何かの理由で怪物化してしまったと

考えるからです。「理由」がわかればモンスターは元にもどるのではないかと思います。「モンスターペアレンツ」は「怪物化して暴れている」のですから、解決の道筋がなく、困って暴れているのだと解釈できるからです。

どちらにしてもトラブルを起こす保護者と言われる人は「先生を困らせてやろう」と思っている保護者なのではなく、**「何とか助けてほしい」「学校としてしっかりやってほしい」**と思っている保護者であることには違いないのです。その辺はしっかり頭に入れておきたいところです。

私は保護者とのトラブルがあったとき、次の二つの点で問題の解決を進めていくことが必要だと思います。

①文句を言ってくるということは何かを求めているからである。学校への期待でもあること。何が原因になっているのか、その原因を探ること。

②「うるさい保護者」や「困った保護者」をひとくくりに見ないで、それぞれの保護者がそれぞれの事情を抱えて、何を求めているかを見きわめて解決に当たること。

第I節で、ヒロシさんのお母さんの手紙と、シゲチャンとそのお母さん、二つの事例を紹介しました。教師の対応の良し悪しが、保護者をモンスター化させていくか否かの別れ道になっているということも多いと思います。ただ保護者とのトラブルと言ってもいろいろな事情がありますから、ひとくくりにはできません。保護者を分析的に見ていく必要があると思っています。

しかしその中で忘れてはならないのは、保護者が学校に文句を言って来るということは、希望を求めているのだということ、教師をつぶしてやろうなどという保護者は、まずいません。まれには「辞めさせてやる！」と怒鳴りこんで来る人もいるようですが、そういう人であっても、子どもが理解されない怒りをぶつけに来ているのであり、「子どもをわかってほしい」という願いがゆがんだ行動になってしまっているのです。たいていはどの保護者も**「子どもをちゃんと指導してほしい」「指導して幸せにしてほしい」**、**願いは〈子どもの幸せ〉**なのです。

そういう意味では、子どもたちを指導する上で、**保護者は教師にとって〈一番の同志〉**だと言えると思っています。ここはうんと強調したいところです。

〈1〉学校に対して正論で迫る「うるさい保護者」

❖「うるさい保護者」でいいではないか

山口さんは、第Ⅱ部〈実践編〉(「つながりたい思いを一つに」175頁〜)で私の学級づくりに積極的に協力してくれた人です。でも、担任を持つときは、山口さんは「うるさい保護者」として引き継いだ人でした。

山口さんの子どもは一、二年クラスが学級崩壊していたために、授業を受けたくても周りがうるさくて困っていた、どちらかと言うと、まじめな子どもでした。家に帰ると、山口さんの子どもは学校がつまらないと、きっと不満を言っていたのでしょう。ですから山口さんは学校に苦情を言ってきていました。山口さんはわが子が授業を受けられないことについて、周りの子どもたちへの不満も含めていろいろ苦情を言ってきたのです。

山口さんのような人はよくいます。知的で、子育ても自分なりの方針を持ってやろうとしている、いわゆるしっかりしたお母さんです。山口さんのようなタイプの保護者の主張は、正論であることが多いと思います。山口さんはまさにそうでした。

山口さんは、正論を言う人ですから、クラスの実態も率直にお話して協力をお願いしたら、積極的に動いてくれました。読書指導に関わってくださって、子どもにしっかり注意までしてくれました。決して「おかしな人」でも「うるさい保護者」でもないのです。こちらの言うことが筋が通っていて、それに納得すれば、精いっぱい力を発揮して、学級の保護者の中心になってくれる存在の人です。

そういう意味では、山口さんが仮に「うるさい保護者」と教師から見えたとしても「うるさい保護者」でいいではないか、と思います。教師に率直にアドバイスもしてくれますし、「私はこう思う」と意見も言ってくれるのです。むしろ、教師と手を組んでやっていける保護者の一人ではないかと思うのです。「うるさい保護者」に励まされ、子どものことを一緒に考えていけるのです。前向きに考えたほうがよいと思います。

❖協力的な保護者は教師にとって心地よい存在だけれど

担任や学校に協力的な保護者はありがたい存在です。教師とトラブッたり、学校に文句を言っている保護者に「まあまあ、そんなこと言わないで、学校に協力しましょうよ」と、間を取り持ってくれる人です。そういう人も山口さんとかなりタイプは似ているのですが、学校に対して多分に気遣いをしているのではないかと思ったりします。「先生を助けなくちゃ」と思っているのです。それはそれで教師にとってはとても支えになります。

でも、学級が荒れてわが子が授業を受けられなかったら、苦情を言うことも大切ではないでしょうか。苦情を言わなければいけないと思うのです。でも、「先生たちに協力しなくちゃいけない」という思いが先行するのだろうと思っています。

学校に一生懸命協力してくれるお母さんだって、本当は内心フツフツと湧いてくる不満があるかもしれません。協力していただけることは感謝したいですが、教師は教師です。協力的な保護者に感謝しつつ、山口さんのように、おかしいものはおかしいと指摘してもらうことで教師としての自分の課題をつかみ、改善していくことが必要だと思います。

いい保護者・いい子は教師にとって心地よい存在ですし、父母たちの間でも「○○さん、いいお母さんよ」と言われる評判の高い人もいます。でも中には「しようがないわよ。あの先生じゃあ！」と冷めたまなざしの保護者たちもいます。あきらめられて守られるのもいやです。

納得して協力してくれる保護者、山口さんのように言うべきことは言ってくれる保護者から教師も沢山学び、そして手をつないで子どもの教育に取り組んでいけるようでありたいものです。教師は保護者の率直な意見に耳を傾け、学び成長することも多いのです。

〈2〉心配なわが子を守るために学級の役員になったお母さん

❖学校中で有名な「うるさい保護者」

ハルカさんという子は一年生に入学したときから学校になじめなかったようです。自分なりの行動をとるので、学校の規律からは外れてしまい、それを指摘され泣いたりすることが多い子だったようです。ハルカさんはこだわりが強い子でしたから、自分の関心事が解決しないと、次には進んでいかれないのです。

ですから他から見ると奇異な行動や反応として受け止められました。ズバズバとものを言うハルカさんは他の子どもたちから煙たがられ、いじめられました。女の子だったこともあり、他の女の子たちは陰で悪口を言い、ハルカさんのことを笑っていたのです。ハルカさんに、他の子どもたちへの信頼感は育つはずもありません。

入学してからトラブル続きでしたから、保護者は「自分の子は学校で一人ではやっていけない」と思い、学級の役員さんになって母親はできるだけ学校に来て、子どもの様子を見るようにしたのです。そしておかしなことがあると、先生に苦情を言うというパターンをとり、行動していました。それがまた、ハルカさんへの子どもたちの反感を強めました。ハルカさんの保護者は、知的で文化的な人でした。しかしハルカさんは育てにくい子どもだったのです。両親は悩んでいたと思います。何とか自分たち保護者が娘を守らなければと行動していたのですが、やがて学校中で有名な「うるさい保護者」として、教師も他の保護者たちも知るところとなったのです。

そのハルカさんを五年生になって受け持つことになりました。

❖ハルカさんの感性に共感することから

始業式の日でした。この日は校庭で一〇分間だけ学級指導して、入学式の準備があるので、その準備のためにすぐに「さよなら」をして帰ります。他の子どもたちはさっさと帰って行ったのに、ハルカさんは職員室に向かう私を追いかけて来て、「先生、帰っていいんですか?」と聞くのです。

「さっき、さよならって言ったじゃない」と言うと、彼女から返ってきたのは「どうも違和感があるんだよねー」という言葉でした。それを聞いて、「あっ! そうだったのか」とハルカさんの思いがわかったのです。なぜ「おはようございます」と挨拶して、まだ一〇分しかたたないのに「さよなら」をしたのか、そのことがどうも納得できないという疑問なのです。

学校というものは朝、「おはようございます」をしたら昼過ぎか、三時ごろに「さようなら」をするものだとハルカさんの中ではインプットされているのです。ですから「おはようございます」の一〇分後の「さよなら」は違和感があるのです。こういうことはこだわりの強い子どもにはよくあることです。そんなとき、「ヘンな子」だと思うか、「なるほど」と思うのかで教師は全く違った対応をしてしまいます。私は、

「今日はこれから入学式があるからね。その準備なのよ。でも、すぐにさようならしたら、たしかに違和感があるよね」

と答えました。ハルカさんは納得しました。そのとき、私はこれまでの学校生活できっと、こういったことがいっぱいあったのだろうと思いました。そういうことをみんなの前で堂々と言うので、そのたびに「ナニ言っているの？」と、ハルカさんのものの感じ方や受け答えを他の子どもたちがバカにする……そんなことが続いてきたのだと思いました。

実際、ハルカさんは思いつくと突然質問したりします。その質問の内容には、日常気がつかないことも多く、ハルカさんの発想はむしろ新鮮で感心することが多いのです。

私が学校を休んでクラスが自習のときのことです。補助に入ってくれた先生のところに

突然、ハルカさんがやって来て聞いたそうです。

「先生、耳には骨があるのでしょうか?」

突然なので驚きますが、その発想はとてもおもしろいと思うのです。

ハルカさんは恐らく発達障害の傾向を持っているのだと思います。発達障害の傾向を持っている人の中には知的な人や有名になった人もたくさんいます。天才と呼ばれた人の中には発達障害を持っている場合が多いのではないでしょうか。トム・クルーズはＬＤ、エジソン、シュバイツァーはＡＤＨＤだと言われていますし、黒柳徹子さんなんかもＡＤＨＤでしょうか。岸田今日子さん（舞台女優）も小学校時代、割り算ができなかった風変わりな子だったといいますから、きっと発達障害傾向があったのだと思います。

知的な保護者の子どもがＩＱの高いアスペルガー傾向だったりします。最初の事例で紹介したヒロシさんのお母さんは専門職です。そして、ハルカさんはアスペルガー傾向でしょう。

ハルカさんを担任した一学期、彼女はパニック状態で生きていました。始終私のところにやって来て、「私の意見を誰も聞いてくれないんです！」と叫び訴えるのです。そこで「ハルカさんが、みんなが意見を聞いてくれないと言うんだけど」と、他の子どもたちに聞くと、「ハルカさんは最初から話し合いに参加していない」と言うのです。「参加してなかった?」とハルカさんに返すと、「だって言ったって、意味がないもん!」「どうせ聞いてくれないんだから! ダメなんだあ!」と、それはそれは大騒ぎをして叫ぶのです。「だって言ったって、意味がないもん!」「どうせダメなんだあ!」と言うハルカさんの叫び声からは、長い間、いろいろ言ってはみたけど相手にされず無視され、バカにされて悔しい思いをしていただろうことが伝わってきます。ハルカさんの世界と、教室の世界が合わなかったりする、不思議な言動をみんなはバカにする、彼女はパニックを起こす、それが繰り返されていたと思うのです。

不登校を起こさずに、よく今日まで学校に来たなあと、ハルカさんの心を思うと不憫《ふびん》になりました。

❖ハルカさんの保護者が過激になっていったわけは?

五年生の国語の教科書に「サクラソウとトラマルハナバチ」という教材があります。その授業をしていたら、ハルカさんのとなりの男の子が突然、「うるせえんだよ! こいつ、うるせえよ!」と叫びました。「どうしたの?」と聞くと、ハルカさんを指して「こいつがブンブンブンって歌うんだ」と言うのです。

ハルカさんは「トラマルハナバチ」のハチから、「ブンブンブン、ハチが飛ぶ」の歌を連想して歌ったのです。可愛いと思いませんか。私はそれを「そうか、そうか、なるほど」とハルカさんの発想の豊かさに感心するのです。

もちろん、「ハルカさん、今は国語の時間だから、歌うのはやめようね」と注意はしました。けれどハルカさんの発想を受け止めることなく、「国語の時間に歌なんか歌い出して、なんという子だ！」ととらえていたとしたら、同じように「ハルカさん、今は国語の時間だから、歌うのはやめようね」と言ったとしても、教師の「歌なんか歌い出して、なんという子だ！」という本音がハルカさんには伝わってしまいます。**同じ言葉であってもその言葉の中にある〝心〟が伝わっていきます。**

教師の指導は、その人の心持ちも含めて成立するものです。人と人との関係は子どもと大人であっても同じです。四年生までハルカさんは教師の無理解で叱られていたとしたら、きっと家に帰ったら不満を言っていたろうと思います。

ハルカさんの保護者は知的な人です。ですからこれまでの学校の対応に納得がいかないので、文句を言いに来たのでしょう。文句が何度も続けば、先生はつれなくする。その繰り返しでハルカさんの保護者は文句を言う保護者、「うるさい保護者」になっていったのだと思います。ここには、発達障害についての教師の無理解も原因しています。

このハルカさんがいたクラスは四年のとき、他にも重い発達障害を抱えた子がいて、学級が荒れたことから、「うるさい保護者たち」が校長室に文句を言いに来るといったことまでありました。担任の先生はおしゃれな人でタンクトップを着るような人だったのですが、その先生に対する文句として、「あの先生はタンクトップなんか着て学校に来て！」とまで言ったそうです。タンクトップと指導とは関係ないことですが、「坊主憎けりゃ、袈裟《けさ》まで憎い」ということなのです。発端は学級崩壊で、その原因になる大きな要素がハルカさんなど、発達障害の子への指導の問題点が指摘されたのです。

❖「うるさい保護者」というとらえから〈不安を抱える保護者〉というとらえに

発達障害に限らず、子どもたち一人ひとりはみんな生活している環境も違っていて、さまざまな個性を持っているにもかかわらず、日本の学校制度（とりわけ東京都では）は四〇人を相手に「一斉に授業をする」ことが当然として未だにまかり通っています。いや、今いっそうその傾向が強まっているかもしれません。ですから四〇人の枠からはずれると、はずれた方がおかしいと思う、そんな感覚が現場にもまだまだあるのです。その感覚を克服しないと、子どもとズレが生じ、やがて保護者ともズレていくことになります。

先にも書いたように、保護者は一人で子育てをしていますから、どうしても不安になります。そこで、ヒロシさんのお母さんのような手紙が学校に届くのです。**ヒロシさんの保**

護者は「うるさい保護者」でなく、不安なのです。しかも知的な保護者ですから、書く文章もなかなか鋭い。教師はカチンときて、冷静な対応ができなくなってしまうこともあるでしょう。

一方、保護者からすれば、これだけ訴えたのに適切な対応がされないとなると、やがて集団になって校長室に行くというような事態になってしまいます。こんなふうに、保護者が次第に過激になっていくそういったケースは、ハルカさんの場合だけでなくいっぱいあると思うのです。

四〇人学級では、子どもを指導することがすでに難しい状況が全国的にも広がっているのに、クラスの定員を変えようとはしない東京都の政策にも大きな問題があることはもちろんです。

❖ハルカさんのお母さんとの連絡ノート

ところで、ハルカさんのお母さんですが、四月に私が担任になって二カ月目の六月、突然、担任の私と母親との連絡ノートを作ってきたのです。その前の年まで「うるさい保護者」と敬遠されていたお母さんが、自分から連絡ノートを作ってきました。そこにビッシリと子どもの様子を書き綴ってくれました。つまり、これまでもきっと、教師とつながり

たかったし、助けてほしかったのです。それはこの連絡ノートからよくわかります。それでハルカさんのお母さんとは、連絡ノートでやりとりが始まったのです。

ある時「朝日新聞」の天声人語欄に、岸田今日子さんの話が書かれていて、ホーッと思ったので、コピーをとり、連絡ノートに貼って渡しました。そこに紹介された岸田さんの随筆の内容は――、

《……岸田さんは風変わりな子どもが好きで、他の子とテンポが合わないような子がいるとうれしくなってしまうような人だった。ところが自分の子が生まれると、勝手が違った。「早くご飯を食べなさい」「宿題はしたの？」。わが子が仲間ハズレになりはしないかと気にかかる。いまやただの大人になってしまったのだろうか……以下略》

実は、岸田さんは小学校高学年になっても割り算ができなかったそうで、お母さんに教わって、数を割る意味がわかった瞬間、違う世界が見えてきたと語ったそうです。

この日の天声人語欄は、全国一斉学力調査で都道府県別の結果が出たことから、順位を競う状況が各地に生じている問題を心配し、「順位大事なテスト対策がはびこり、わかる喜びを奪わないか心配だ」と結んでおり、全国一律の学力テストは意味があるのかと、岸田さんの随筆を使いながら、書かれたものでした。

そのコピーを読んだハルカさんのお母さんから、こんな返事が返ってきました。

《……岸田今日子さん、ムーミンの声の人ですね。ご本人も間違いなく風変わりですよね。違った子育て理念がありそうな方ですが、同じなんですね。ホッと安心です。私はハルカの個性は、学校に入る前、幼児期、幼稚園の頃はいつも驚く発想で楽しんだり、何か大物になると思ったり、確かに迷いなく信じていたような覚えがあります。あの子はそんな中、天真爛漫でした。私もピリピリ叱らなかったので、安心していたのでしょうか？学校に入ってから周りとの違いがよく見えて、私も焦ってしまっていたし、私が追いつめてしまっていたところもあったと反省しています。本当にそうですね。個性を信じてのびのびとさせることを大切にしたいです。……》

　ハルカさんのお母さん自身が追いつめられ、余裕をなくし、子どもの良さを肯定的に受け入れることができなくなっていたのです。

　私はこの文を読んで、ほっとしました。ハルカさんのお母さんも自分自身を取り戻し始めたことがよくわかったからです。ちなみに、この記事を貼ってお母さんに渡したとき、私からの応答のメッセージは「娘の個性を信じることが娘を伸ばすヒケツです。私は芯からそう思いますよ！」と書きました。

　ハルカさんはあるとき、「ハープを習いたい」と言い出したそうです。そして両親にねだって買ってもらったハープを毎日丁寧に手入れをし、ハープの練習にハマっていきました。自分の個性を発見し、前向きに動きだしたのです。ハルカさんはこれで大丈夫だと、私は心の中で思いました。

〈3〉苦しい生活を強いられている保護者の辛さを知る

❖たった一〇日間で〝信頼される教師〟になったのは

これは、第Ⅱ部で紹介するユキコの事例（「ユキコの小さな翼」143頁～）でお話します。最初、ユキコを受け持ったとき、彼女を抱きしめるのですが、抱きしめても抱きしめても丸太のようでなんの反応もない。あきらかに虐待を受けている子どもだということがわかりました。その日のうちに学年便りを出したら、放課後、ユキコが職員室にやって来て、その紙を担任の私ではなく、教頭先生に渡しました。そこには、

《教科書はいつ配るんですか？　ノートはどうなるんですか。
　意味がわかりません。
母》

と赤いボールペンで書いてありました。私はその返事として、便箋に、

《担任になった今関です。よろしくお願いします。わかりにくい学年便りで申し訳ありませんでした。教科書はこれこれこういうふうに配ります。……またなにかわからないことがあったらおっしゃってくださいね。》

そういう趣旨のことを書いて、封筒に入れて返しました。その前の年に転校してきたときから、ユキコの父親はしばしば怒鳴って学校に電話をしてきたことがあったと聞いていましたし、赤のボールペンの文字からも、お母さんが学校への不信感を持っていることは十分うかがえました。

それからしばらくして、学校に提出する書類が遅れたので、お母さんが学校に持ってきてくれました。そこで初めてユキコの母親と話をしました。

自分には持病があり、夫（ユキコには二番目の父）も昨年病気で働けなくなり、やむなく自分が昼も夜も働き詰めで、とうとう倒れてしまったなどという話を次から次へとしました。そして、たまたまそこを通りかかった教頭先生に、「いい先生なのでよかったです」と、お母さんは私のことを話しました。担任してわずか一〇日です。

「どうして一〇日で信頼されることになるのですか？」と質問されたことがありますが、家族の中に人には言えない苦労があります。経済的にも大変。近くに助けてくれる知り合いや友達がいるわけでもない。ヒロシさんやハルカさんのお母さんたちとは桁はずれの深い孤独感の中でユキコの母親は生きていたのです。

そんなとき**「大変なのね。お母さん、苦労しているんだ」と共感する人が現れたら、ほっとする**と思うのです。視界が開けた思いになるのではないでしょうか。ひとりぼっちで不安を抱えているのは辛いです。共感し、一緒にやっていこうという人が出てきたら、それがもし私だったら「味方ができた」と思うでしょう。生きることに苦しんでいる人がいたら、自分にできることなら一緒にやっていこうと思うのは当たり前だと思っています。

❖一人親家庭で抱える子育ての大変さ

辛い思いをしているときは、話をしているうちにボロボロ泣いてしまう人もいます。こちらも切なくなり鼻の奥がツーンとしてしまうこともあります。「できることは一緒にやっていきたい。応援したい」ともちろん思います。

今、身を粉《こ》にしてめいっぱい働いて、お金のことも心配なら子どものことも心配、そういう苦しみを誰にも言えない、そんな人がとても増えていると思います。とりわけ低賃金で、昼間は昼間でパートをし、さらに夜は夜で働く。深夜労働を強いられているシングルマザーの子どもたちは深夜、家には子どもだけが残されているという場合も多いのです。しかし深夜労働をしないと食べていかれないのです。

父子家庭の場合も深刻です。男性の場合は、子どもがいるので早く勤務を終えて帰るということは、日本の社会ではしにくいのが現状です。そうなると夜遅く父親が帰って来る。あるいは朝まで父親は帰って来ない子どももいます。夕飯を食べていなかったりして、朝からイライラしてトラブルを起こしている子どももいます。

それでも文科省は「子育ての第一の責任は家庭である」と言っています。この国の家族はぐずぐずに崩れ出しているのに、です。

できるところで寄り添い、一緒にできることはする。教師が応援できることは沢山あります。

〈4〉保護者のトラブルが裁判沙汰になってしまうのは

保護者の多くは助けてほしいから文句を言う、攻撃する。中には激高して、「出るところに出てやる！」とか「訴えてやる！」などと言いますが、ほとんどがそうでも言わないと気が済まないから言うのであって、本当に訴えることをするのは少数です。

でも本当に裁判になったりすることが現実には起こっています。地位や肩書きがあり、日々子育てに関わっていない父親が出てくるときはちょっと心配です。少し長くなりますが、ある教師に起こった、こんな事例があります。

❖トラブルのはじまり

アユミは一年生でした。ブランドものの洋服を着て、ピアノとバレエを習い、しぐさも垢抜けた色白のかわいらしい女の子でした。一人っ子らしく大人への接し方が妙になれた感じのおませな子でもありました。

アユミの家は典型的な標準家族で、一流大学出身でエリート商社マンの父は海外を飛び回っていました。短大卒の母親は専業主婦で、一人っ子のアユミに愛情を注いでいました。父が日本に帰国しているときは家族三人そろって小旅行に出かけたり、娘の幼稚園の行事などは父親も忙しい合間をぬっては母親と共に参観に来る、教育熱心な家族でした。「アユミの教育については夫婦でよく話し合って決めています」と母親は話していました。

ある朝、アユミの母から電話がありました。

「うちのアユミがいじめられています。学校に行くと、友達に仲間はずれにされたり、意地悪なことを言われたりして、朝になるとお腹が痛くなってとても登校できません。主人とも話し合ったのですが、子どものため、しばらく学校を休ませます」

トラブルはここから始まりました。

実はアユミをめぐるトラブルは入学したときからすでに始まっていたのです。

一人っ子のアユミは、個性的でもあり、同じ年の子どもとの交わりになじめないものがありました。たとえば友達になりたくて抱きついてしまい、「いやだ」と言われても離さなかったり、自分のハンカチが落ちても拾わなかったり、友達の洋服に水がかかってしまっても謝らないなどのトラブルがひんぱんに起こっていたのです。

しかし、アユミは自分が悪くても謝ろうとしないことが多く、理由をつけては自分が悪くないと言い張ることもよくありました。気の強いアユミは友達に対してもきつい物言いも多かったのです。

その態度に学級の子どもたちは次第に反感を抱くようになり、「バカ」「きらい！」などと言葉での反撃をするようになっていきました。一年生にはありがちな友達とのいざこざでした。アユミが一方的にいじめられているわけではなかったのです。

担任は、アユミの問題は「子ども同士の間でよく起きる問題なので、アユミさんと子どもたちの発達の課題として指導していくので、見守ってほしい」という内容の話を何度も伝えました。しかしアユミの母親は、「アユミとクラスの子どもたちとのトラブル」ではなく、「アユミがクラスの子どもたちからいじめられている」ととらえて欲しかったので、学校に不満を持っていたのです。そして日増しに学校への不信を募らせていきました。

❖臨時保護者会を要求してきたアユミの両親

ちょうど学芸会を目前にしていたときでした。アユミの両親は学校にやって来て、「アユミは友達にいじめられて登校できなくなっているのに、なぜいじめている子どもは登校しているのか、なぜいじめられる側が辛い目にあわなければならないのか」と抗議しました。特にアユミをいじめていると、両親が考えているエリコについて、「アユミを登校できなくさせているエリコも学校に来させないでほしい」と学校に要求しました。しかし、学校がアユミの両親が満足する回答を出すはずはないのです。

すると学芸会の当日、アユミの両親は学校にやって来ました。そしてエリコをつかまえて、「どうしてあなたは学校に来ているの？　うちのアユミはあなたのために学校に来れないのよ」と感情的になって詰め寄ったのです。

さらに両親は、アユミが不登校になっている原因をクラスの保護者に知ってもらいたいと、臨時保護者会を要求してきました。保護者会で「我が子がいじめで休んでいることをクラスの保護者たちにもわかってもらいたい」というアユミの保護者からの切実な思いとして受け取った学校側は、臨時保護者会を開くことを了解しました。

職員、保護者が集まった臨時保護者会では、父親がアユミの置かれている状況について話しました。出席した保護者たちからは、「我が子がいじめられて学校に行かれなくなったら、保護者としてはどんなに辛い思いになるだろう」というアユミの保護者へ気遣う発言や、「子どもたちの学校での出来事に保護者たちも関心を持って子どもたちに関わっていこう」「保護者同士も情報を交換し合おう」などの積極的な意見も出て、解決の糸口がつかめたかに見えました。

❖損害賠償請求訴訟へ

ところが、事態は全く違う方向に進んでいったのです。臨時保護者会を要求したアユミの両親の本当のねらいは「アユミがいじめられて不登校におちいった」ということを事実として公表することで、訴訟に持っていくための証拠づくりをするためだったのです。

アユミの両親は、特にアユミをいじめていると考えているエリコの保護者に的を絞って訴訟を起こしました。弁護士を代理人として立てて、エリコの保護者に損害賠償請求訴訟を起こしたのです。臨時保護者会の以前からすでに弁護士との打ち合せは始まっていたのです。そして打ち合せの通りに保護者会は進み、「アユミはいじめによって不登校になった」ことを臨時保護者会で明らかにすることができたのです。

職員やクラスの保護者の発言は、アユミの両親にうまい具合に利用されたのです。こんな訴訟が成立するとは思ってもいなかった学校側の思いに反して、エリコの保護者は早々に和解に応じました。エリコがアユミをいじめたということを認めたわけではなく、話がこじれること、長引くことを恐れたからです。

アユミの両親の勝ちでした。訴訟を起こしてわずか三カ月、二月のことでした。

❖クラス替えの要求

訴訟には勝ったものの、アユミのクラスでの状況が変わるわけではありません。

次にアユミの両親が学校に要求してきたことは「アユミをいじめている子どもとは同じクラスでは生活できない、クラス替えをしてほしい」というものでした。

臨時保護者会、訴訟と、アユミの保護者に押しまくられ、追い詰められてきた学校側は、またしても窮地に追い込まれました。クラス替えをアユミの保護者に思いとどまってもらおうと、校長と担任はアユミの家にお願いに行くことになりました。

「クラス替えを思いとどまってほしい」とお願いする校長に、父親は、「それならばエリコをとなりのクラスへ替えてほしい」と要求しました。

「全体の子どもたちのことを配慮してほしい。エリコをとなりのクラスへ替えることはできない」「クラス替えをするか、エリコをとなりのクラスに替えるか、どちらかにしてほしい」という問答をするうちに、次第に感情的になった父親は切り口上でこう言いました。

「一人の子どもがいじめによって学校に来られなくなっている事実をいったいどう思っているのですか。アユミが教育を受ける権利を奪われているのです。そんな大事なことを学校側が見逃すとしたら黙っているわけにはいかない。クラス替えをすることが正しい判断でしょ。そうでなければ、私にも考えがある」

ところが、その話を聞いていた母親が、

「クラス替えのお願いはやめて。私がみんなに恨まれることになるのよ。そんなことになったら、私は学校へ行けないわ」

そう言って泣き出しました。夫婦の言い争いになったのです。しかし父親はがんとして「クラス替え」の要求を曲げませんでした。母親はその場に泣き崩れてしまいました。

そして異例の一年生でのクラス替えが行われ、二年生を迎えることになりました。

こうしてアユミの両親の要求は次々と勝利していきました。父親は事件の背後でカギを握り、事件を見事に「解決」していきました。家父長的な力をいかんなく発揮し、家族を

「守り」、また海外勤務に忙しい日々を送り始めたのです。

それから二年後、アユミは転校しました。アユミの両親は離婚することになり、アユミは母親と実家に帰ることになったのです。

❖現代家族の問題として

アユミの母親は確かに自己中心的な人であったかもしれません。しかし一人でこんな事態を起こすことができたでしょうか。母親だけなら「うるさい母親」ですんでいたでしょう。しかし、父親が登場することで、母親は訴訟で得た幾ばくかのお金と引き換えに、取り返しのつかない周囲の人々からの不信と孤独に陥ってしまったのです。地域や学校での居場所を失い、孤立して生きざるを得ない立場に追い込まれたのです。

アユミの問題を一般化して考えると、現代の家族が引き起こす、内に向けてのDVや虐待、家族内の暴力、外へ向けての訴訟など、家族の抱えている矛盾としてとらえる必要があると思います。

父親が子どもの教育に関わることはよいことですが、地位や権威を〝武器〟にしてしまうと、結末は決して好ましい結果にならない場合があるということです。そういった父親と、どこまで信頼し合える関係を築くことができるか、なかなかむずかしいことです。一般的に父親は、朝から夜中まで仕事仕事で、家族に関わることができないという、日本社会の悲しい現実にも目を向けないといけないと思います。

子どものために有給休暇を取ることもしづらいのが日本の企業社会の現実ではないでしょうか。せめて家族のためにと、ここぞというときに、アユミの父親のように的が外れた権利主張や権利行使をしているとすれば、父親もまた社会の被害者です。

アユミの父親はあれからどうしているのだろうと思うことがあります。そう考えていくと、大きな社会の枠組みの中で振り回されている人々の苦しみや問題として、現代の男性や父親のこともとらえる必要があります。

〈5〉「うるさい保護者」でなくても子育てに困っている保護者はたくさんいる

❖子育ての〝助っ人〟になろう

若い人から「家庭の生活にまで立ち入っていいのですか？」と質問を受けることがたびたびあります。家庭の問題はプライバシーの問題なので立ち入ってよいのかという意味なのだと思います。私ははっきり「**家庭の生活に私は立ち入ります。そうでないと子どもを指導できないからです**」と答えます。

家庭の問題はプライバシーの問題なので立ち入っては失礼だと考えるのは、一般常識としては理解できます。しかし教育現場で、困っている子どもたちと、その背後にいる保護者を援助するためには、家族と共に子どもをどう指導するのか、あるときは保護者の生活の仕方や就労についても共に考えることが必要になってきます。そうでないと、援助はできないのです。「プライバシーの尊重」に名を借りた「困っているのも自己責任」にしてしまうことになります。

子どもが抱えている生活に問題があり、伸び悩んでいることはたくさんあります。それを指導するのが教師の仕事の一つです。コウタもその一人でした。

❖コウタの成長課題

コウタの両親は共働きです。夜、家に電話をしても、まだ、両親が帰宅していないことが多く、さぞ忙しい毎日を送っているのだろうと思っていました。そのために子どものしつけまで手が回らないようでした。親が忙しいために時間がない。それでコウタに頼んでもやってくれないので当てにせず、家の仕事もつい母親が全部やってしまっているということでした。

コウタはとてもだらしがなかったのです。意思が弱くて友達にせがまれると家のお金を黙って持ち出すこともあり、おうちでも叱られてばかりで、どことなく自信がない態度や行動をとる子どもでした。大事件を起こす子どもではないのですが、コウタの成長課題は、〈生活自立〉でした。ですからそこをクリアさせて、コウタを伸ばしたいと考えたのです。

人間は当てにされていないと、自覚が育ちません。そのコウタとコウタのお母さんに夏休み前に会って話をしました。コウタの家での生活の仕方を変えないと、彼は変わらないと、私は思いました。家の人と一緒に生活を立て直すことが、コウタの成長課題でした。

そこで私はお母さんに、

「当てにされていないと無責任に生活してしまうので、コウタさんを当てにする生活に変えましょう」

という提案をしました。夏休み中、家で仕事をさせる。コウタが動かないと家族の生活が回らないようにする。家の中が多少汚くなっても、親とコウタで根気比べをしようということになったのです。旗を振って応援するのは私です。私は、表を作ってコウタとお母さんに渡しました。表には、

■朝、お母さんが出かけたあと、お茶碗を洗う。

■夕方五時には家に帰る。
■言われなくても宿題はする、など五項目ほどあげました。
そして夏休み。中だるみはあったようですが、何とかやりきりました。表を夏休み後に提出することにしたので、挫折せずにがんばれたのだと思います。

❖「私も手伝うから、お母さんもがんばろう！」

その後、個人面談があったときに、お母さんは、「先生、ありがとうございました。あれから仕事を進んでやるようになりました」と言ってくださいました。何もしない息子をあきらめていたお母さんも、気を取り直してがんばってくれたのです。私もずいぶん出しゃばって行動したのですが、コウタが力をつけたのですからよかったと思っています。

その後のコウタは、学校でも自信を持てるようになりました。顔つきが変わりました。人間の顔つきというのは、その人の内面を表しているものなのだと、コウタを見て、改めて思います。

こうした指導は、子どもの性格、おうちの状況、保護者の考えがうまく一致しないとできないことですし、その他にもいろいろなやり方があります。が、教師が支えることによって克服できることも多いのです。保護者だけでは難しいとき、教師は身近な援助者になることができるのです。

今、保護者が忙しすぎて、子どものしつけをするゆとりもないので、保護者が何でも自分でやってしまう。そのため子育ての中でしつけをすることができないということが大問題になっています。毎日を振り回されるように働かされているシステムにも大きな問題があるのです。

「私も手伝うから」というのがキーポイントだと思っています。保護者も忙しいのです。**「私も手伝うから、お母さんもがんばろう！」**、それでがんばれることは結構あります。

❖気軽に保護者と連絡をとり合おう

私は**「保護者が見えなければ、子どもは見えない」「保護者を見て、子どもを見て納得する」**と思っています。日々出会っていても、その子どものことが今ひとつわからない。そんなとき、保護者に会い、話をして「あー、そうか！」と納得することはよくあります。

最近、地域によって家庭訪問をやっていない学校もどんどん増えてきました。これは由々しきことだと思います。私は、以前から**子どもの後ろに保護者を透かしてみます**。どういうことかと言うと、子どもだけ見ていたのでは、その子を十分理解できないということです。だから**家庭訪問は欠かせない**ものです。もし学校に家庭訪問の時間が設置されていな

ければ、自分から出かけて行き、保護者と会って話をします。何としても保護者に会いたいと思います。

学校では今、放課後は会議や研究会などがあり教師は忙しくなり、子どもと話す時間さえない状況です。しかし教師の仕事はなんとしても子どもとかかわることです。子どもとの時間をつくることが先決です。保護者に対しても同じです。保護者も働いていてなかなか時間がとれないという人がいます。でも教師が本当に保護者と会う気があれば、何をおいてもやりくりするのではないでしょうか。子育ての助っ人ができるチャンスを教師は常に持っています。

そういうわけで何か気になるときは、私の場合、気軽に保護者に会います。ただし、教師が家に行くと、掃除をしなければならないなどと思って、保護者は気をつかいます。そこで「ちょっと出てきませんか」と言って、喫茶店に誘うことも最近は多いです。子どももそばにいないので気楽に話ができますし、喫茶店は気分転換にもなります。話すにはとてもいい場所だと思います。

もちろん、ときには教室に来ていただくのですが、そんなときは紅茶を用意して待っていたりします。机の上でもコーヒーなどが用意されていたら雰囲気が変わるのです。

最初にコーヒーを用意してくれたのは、実は保護者でした。個人面談のとき、缶コーヒーを持って来てくれて、「先生、疲れたでしょ！」と言って差し出してくれたのです。もう感激でした。「(面談を) 一番最後にして」と言われて、なぜだろうと思っていたら、そんな心遣いをしてくれたのです。とてもうれしかったです。しかも次回からはポットにコーヒーを入れて、お菓子まで用意してくれたのです。私も保護者に育てられてきたのだとつくづく感じます。ですから保護者が教室に来てくれるときは、何かちょっと用意するようにしているのです。

❖わが子は〝殿様〟、子育てに立ちつくすお母さん

子どもに問題があるのは、保護者の子育てに問題があるからだと思っている人もいるかも知れません。確かに保護者に問題がないとは言えません。そして確かに保護者のせいではあるのですが、その背後に社会の問題があるということを知っているか、知らないかでは、とらえ方が大きく違います。

タクヤという子がいました。お母さんと二人暮らしで、遅刻はする、宿題はやってこない、朝ご飯ももちろん食べていない。なかなか個性もあるし、意欲もある子です。しかしどうも困った奴なのです。夏休みに一度、お母さんと喫茶店で話して何とかしようということになったのですが、コウタの場合のようにはいかず、二学期になっても相変わらず直

らないのです。

しかし、本人は全くやる気がないというわけではなく、遅刻はしないように一生懸命来ているようだし、宿題もやらなくてはいけないと思っているらしいのです。しかし、身体ができていないのです。つまり、朝起きてご飯を食べ、学校に行く、宿題をする――ということは、生活習慣で躾けられ身についていないと、がんばろうと思っても体ががんばれないのです。いわゆる三日坊主になってしまうのです。

そこで、お母さんとタクヤさんに学校に来てもらいました。三者面談です。お母さんは美容関係の派遣の仕事で、髪は金髪で最先端の奇抜な服装で着こなしも見事です。思わず見入ってしまいそうにきれいにお化粧もしています。家では母子二人暮らし。お母さんは夏休みに会ったときはこんな話をしていました。

「タクヤは家では全然言うことをきかないので、〝殿様〟って呼んでいるんです。この間も家を出て行って帰って来ないんで、『警察呼ぶぞー！』って言ったら戻ってきました」

ずいぶん勇ましいなと思っていたのですが、三者面談で私が、

「お母さん、タクヤさんに何か言いたいことないですか？」

と言ったら、突然、涙ぐんでしまったのです。あの勇ましい話とは裏腹に、実はお母さんとしては、息子をどうしたらいいかわからず困惑していたのです。遅刻をしないように、

早く起きろと言っても全然起きない。息子がいばっている。本当に〝殿様〟なのです。お母さん自身も、保護者として自立できていない、子どもをどうしたらいいかわからずに立ちつくしてしまっているのです。もうすでにお手上げ状態なのです。第Ⅱ部に紹介する「カズヤの登校渋り」も、やはり保護者自身の自立の問題です。こうした保護者は最近増えています。

❖「捨てないよ」というメッセージ

さて、そのことがわかったので、**「じゃあ、お母さん、いっしょにやろう！」**そう言って、私が間に入ってがんばろうという話になりました。遅刻はしない、宿題はやってくる、もし忘れたら学校でやる、そういう約束をしました。

このお母さんは、生活保護を受けようかと悩んでいるほど、経済的には逼迫していました。しかし仕事柄、そうであっても自分の身づくろいはそれなりにしなくてやっていけない仕事なのです。服装は必要経費の一部なのです。彼女がそうせざるを得ない社会の形態があるわけです。

まず、子どもを育てている女性に正規雇用の道があるのか。パートや派遣の賃金で母子二人が食べられるのか。日々の生活も経済的なことも苦しいことは容易に想像がつきます。

生活の安定を求めて、あるいは新しい希望を託して、再婚という道を求める人もいます。それでうまくいく場合もありますが、そこで新たに連れ子と新しいパートナーとの問題も起きています。行けども、行けども問題は続きます。

こうしたことを頭の隅において置くと、教師も冷静に客観的になれます。それができないと、タクヤの母親を「自分のことばっかり考えておしゃれをしている。あんな格好をしてないで、ちゃんと子どもを世話すればいいのに！」という非難がましい目で見たり、保護者を責めたりしかねません。大変なクラスを持ったときも同じです。貧乏くじを引いたなどという発想にならずに、逆に教師としてのやりがいを感じるのです。

そのタクヤですが、なかなか改善は難しかったのですが、大きく変わったことは私にとても甘えるようになったことです。何とかしようという三者面談でぐっと距離が近くなったのだと思います。**「私はあなたを捨てないよ」**というメッセージが伝わったことは大きいと思います。それだけでもあの三者面談は意味があったと、思っています。

保護者に対し、「一緒にやって行こう」という教師の共感的な姿勢と行動力は、大切だと改めて思います。

❖亡霊のような「母性神話」に苦しむ母親たち

わが子が可愛いと思えない、そんな悩みを持っている母親もけっこういます。「女性にはみんな母性がある。だから子育てができる」という「母性神話」はもうすでに崩れたのですが、なかなかしぶとく残っています。

先日、新聞の広告欄に「女性なら誰でも持っている母性……」と書かれていたのを見てびっくりしました。テレビを見ていると、出演者が「母性本能くすぐられますねえ～」などと笑いを交えながらしゃべっていることがあります。そんな放送を無意識に聞き、「女には母性本能がある」と頭のどこかに刷り込まれていることもあるかもしれません。本能で子育てをしているのなら、虐待もネグレクト（養育放棄）も起きることはないはずです。人間は本能で子育てをしない動物です。それでも「子育ての第一の責任は家庭」という政策の中で新たに、亡霊のように「母性神話」は母親たちを苦しめています。

それでもこのごろは子育ての話をしながら「子どもを抱いてあげたいと思ったことがない」「自分の子がかわいいと思えない」「殺してしまいたいくらいに憎らしくなるときがある」。そんなふうにわが子の子育ての悩みを話してくれるお母さんや養育者も増えてきました。自分が子どもに愛情を持って接することができないことも言えるようになったことは前進です。虐待などをまじめに扱ったテレビ番組も放送されるようになってきました。着実に変化は見られます。

育てにくい社会環境、子育ての仕方を知らずに母になった人、いろいろな保護者がいる中で、その人の抱えている悩みや状況を聞き取ったり、しんどさをちょっと支えてあげられることはいくつもありそうです。「愚痴は引き受けますよ」「悩みは話すだけでもすっきりしますよ」。そんな声がけでもほっとするものです。

気をつけなければいけないのは、よい母になれないから苦しんでいる母親に「よいお母さんになること」を押しつけてしまうことです。そして「**よいお母さん**」**を教師の前で演じさせてしまうこと**です。**肝心なのは母親の抱えている本当の悩みを聞き取ること**です。

❖わが子の障害を認められない苦しさ

シズカさんはかなり重い自閉症で、ＩＱも境界線です。医者にも行き、通級学級へも通い、そのことは明らかでした。彼女はほとんど人と関わり合うことなくひとりで生活していました。シズカさんはたまに私のところに来て突然しゃべります。

「ワタシ、出かけるの！」

返事しようとしたときには、もう私の前にはいないのです。逃げて行ってしまうのです。

こんなふうにして、いつも話は一方通行でした。両親は高学歴の専門職で活躍していました。

シズカさんのお母さんは、私にシズカさんが重い自閉症であるとは言いませんでした。

「ちょっと、人との会話が苦手なんです……」

「ちょっと個性的な子で……」

そんなふうに話しました。しかしお母さんは、本当はシズカさんのことは重々わかっているのだと思います。けれど決してそうは言えないのです。シズカさんが自閉症であることを認めたくない現実があるのです。

確かに、自分のお腹にいた我が子が、まさか重い自閉症であるなんて信じたくない事実です。自分たち夫婦は能力が高く社会的にも力を発揮しているのに、なぜその自分たちに相応の子どもではないのかが苦しみになってしまっているのです。そのことをお母さんは誰にも言えない、自分自身にも信じようとさせない思いで苦しんでいるのだろうと思います。

親と子どもは別の人格なのだから違っていてあたり前なのですが、それを当然のこととして認められる社会ではないからです。シズカさんのお母さんはシズカさんをとても大事にし、いろいろ手立てをとっています。しかしシズカさんの現実を受け入れられない、

「こんなはずはない」と思うお母さんのシズカさんへのすれ違った思いを、シズカさんは感じているに違いないのです。シズカさんを理解することは、お母さん自身の人生の大きな課題でもあるのです。

一人ひとりの人間が存在することをそのまま尊重し、受け止められ、認められる社会であれば、シズカさんのお母さんもきっと「シズカは自閉症です」とおおらかに言えるでしょう。シズカさんのお母さんのような思いで苦しんでいる保護者は他にもいます。**深く長い目で寄り添っていくことも必要**です。

Ⅲ 教師の持つリーダーシップの大きさを自覚しよう

うるさい保護者とか、困っている保護者の話をしてきましたが、教師は保護者に対して大きなリーダーシップを発揮できる存在です。保護者が前に向かって進んでいくとき、教師は大きな支えとなることを自覚したいです。

私は次の二つを考えています。

①自分なりの指導方針を打ち出すことが大切。

②「先生が言ってくれたから」を支えに保護者は動き出すことを自覚する。

〈1〉「行ってよかった」と思える保護者会に

教師が持っているリーダーシップは、自分なりの指導方針を打ち出すことにあります。

私の身近にいる若い女性の先生で、学級便りを出している人がいます。そのタイトルが何と「ステキ」という題なのです。そこに、保護者に向けて「子どもと一緒に伸びていきたい」「お互いに出会えて良かったというような関係になりたい」と書いてあって、本当に素敵だと思いました。その先生のクラスの保護者は教師の率直な指導姿勢が書かれている「ステキ」という学級通信を読んで、この先生でよかったと思っただろうと思います。

私の場合、指導方針を打ち出すのは、まず保護者会のときです。保護者会は学期に二回行われるのですが、そこで私は必ず子育てに関する話を一つして、「行ってよかった」と思える保護者会にすることを心がけています。

❖「子どもたちを上手に転ばせてください」

新学期、最初の保護者会では、例えばこんな話をします。

「子どもたちを上手に転ばせてください」

するると、保護者たちは「エッ！」というような顔をします。

「大きく転んで大ケガになったら困ります。小さなケガは赤ちゃんのときからやってい て、転び方を覚えます。そして立ち上がり方もわかってきます。そんなふうに子育てして きましたよね」

すると、保護者はだんだん身を乗り出してきます。

「人間というのは失敗しないとなかなか成長しないので、うんと小さい失敗を繰り返させてください。失敗したからダメ、というのでなく、失敗してまた成長するんだよと、お家でも声をかけてください。そしていろんなことに挑戦させてください」

ついでに「私は今まで失敗続きで今日まできましたが、めげずにがんばっています！」

こんな話もすると、笑いと共に雰囲気が和みます。

❖「いま冷蔵庫にある材料でおいしい料理を作る」

こんな話をしたこともあります。

「学級をつくるということは、例えて言えば、いま冷蔵庫にある材料でおいしい料理を作ることなんです。材料はいま冷蔵庫にあるものだけです。その材料を生かして、私は学級経営をします。どの子も大切な材料です。子育てもそうだと思うのです。あっちの材料があるといいなと、ないものねだりはしないで、今ある材料を大切にしましょう。このクラスの子どもたち一人ひとりを生かすことで子どもたちは育つと考え、私は子どもたちを指導します」

この言葉は最近、シフト学級編成[注]が多く、子どもたちがクラスごとに均等に分けられていないことが多いので、私自身にも言い聞かせる言葉です。

さらに、保護者の中には、「一番にならなければ」「ちゃんとできなければ」という意識を強く持っている人がいます。現代は競争社会ですから、当然そういう思いになる人がいます。そうしないと大変だと思っているのです。しかし、そう思うことで、結果として子どもを追いつめることがあるので、以前は花の話もよくしました。

「春に咲く花もあり、秋に咲く花もあります。種も違います。ひまわりに向かって、菊になれと言っても無理です。今は土の中で芽を出す準備をしている種に、今すぐ芽を出せといってもそれは無理です」

そんな話をすると、わかっていただけることもあります。

〔注〕○○という子がいるので、その子のことを考えて、クラスのメンバーを特定して決めるという編成の仕方です。ですから、クラスによってとても偏りが出てくることがあるのです。

❖「身辺自立はまず親がやって見せてください」

移動教室が行われる前の保護者会に「身辺自立」について話したことがあります。「ブツブツ言って怒っても、子どもは嵐が過ぎるのを待っているだけです。自分でする力はつきません。**まずやって見せてあげてください。その次にいっしょにやってください。その次に、やらせてください。そしてほめてください**。段階を踏んで、少しずつ焦らないでやってください」

こんな話をするのも、いま、男の子の身辺自立ができていないことが多いからです。「女の子は自分のことを自分でする」ように育てられることが多いです。性別役割分業と言うのですが、子育てをするとき、「女の子だから」「男の子だから」と言われることはよく耳にします。保護者は無意識に、あるいは意識的に育て方を男女で変えていることがよくあります。「男の子は成人したら結婚して妻子を養う」という意識が以前からあるからでしょう。

それで男の子は学力をつけ、仕事ができるように育てることを重視しますから、男の子の身辺自立はそんなに重視されない傾向があります。ついお母さんがやってしまうのには、そんな世の中の常識が働いていそうです。そうなると「やろうとする意識」すら育たないのです。しかし現代は、三人に一人は一人暮らしです。大人になって「女性に身の回りを世話してもらう」ことになるかどうかは、これからは大変微妙です。

実際、移動教室で男子の部屋は靴下、上着、シャツがバラバラと畳の上に散らばっています。「これ、誰の?」「これ、誰の?」といちいち聞かないと持ち主は出てきません。

移動教室が終わって、個人面談があったときに、あるお母さんがこうおっしゃっていました。

「先生が事前に話してくださったので、やらせてみました。はじめは、何でこんなことを自分でやらなくてはならないのか不満顔でした」

やはり男の子にはついやってあげてしまうことがあるのです。こういう話は必要がなければ聞いていただけないので、いつもタイムリーな話題を探すようにしています。話す時間はだいたい三〇分、ときに一時間。でも居眠りしないで聞いていただけるように、気持ちをひきつけるよう、ときに楽しく話をするように努力してます。保護者の方たちは「先生の〝演説〟があるから!」と言って来てくれるようになります。保護者会に来てつまらなかったら、次はもう来てくれなくなります。

保護者と学校行事(学習発表会や運動会)で出会ったときは、私はよく声をかけます。

「あーッ、元気ィ? 山田さん、〇〇さん(山田さんのお子さん)がんばってるの、見てくれたー？　声も出てたし、すごくよかったでしょ！」

学校でやっていることを保護者とも共感し合いたいからです。一緒に進めている共同意識は、私の仕事への活力にもなります。

〈2〉一番攻撃しやすいのも教師、一番頼りになるのも教師

保護者と教師がトラブってしまう事態はいくつも見てきました。私自身もトラブりながら指導することもあります。トラブルは明らかに以前より増加しています。保護者たちがいまなぜこんなキリキリした状態になってしまうかというと、まず地域がないことです。子育てが「個人の問題」にされているからです。昔は、保護者が働いていて夜遅くなったら、となりのおばさんが子どもにご飯を食べさせてくれていたとか、悪さをしていれば叱ってくれたとか、いわゆる地域共同体というものがありました。発達障害傾向の子どもなんかがいても地域があり、もっと自由に遊んでいたでしょう。「ちょっと変わってるけど、おもしろい子」という程度で、そんなに目立たなかったと思うのです。

ところが今は「ちょっと変わった子」は「問題児」になり、その子がいるために学級が

うまくいかないということにされてしまうことがあります。でも学校の中には、そういう子はポツポツいるのです。これまではそういう子がいても、学校も社会も今よりずっとおおらかだったから許されたのではないかと思います。

先日の新聞には、子どもの「うつ」が増えているということが報道されていました。子どもたちも生きにくい社会になっているのです。

そういう大変な時代なのですが、思うに、**保護者にとって一番攻撃しやすいのが教師で**す。子どもの問題や保護者の悩みを受け止めてくれる存在だからです。ですから**一番頼りになるのも教師**なのです。そこが解決への道だと思うのです。

「ヘンな子でも受け入れてくれる先生」になるのはとても大事なことです。**「ヘンな子を受け入れてくれる先生」とは、「どんな子も大事にしてくれる」という代名詞になる**からです。「いい教師」ではなく、この先生なら「つながりが持てる」「悩みが話せる」「話しても差別されない」ということが伝わるよう、子どもに寄り添い、日々の実践をしたいと思うのです。

Ⅳ　保護者と保護者をつなぐ

私がクラスを持ったとき、目標にするのは保護者同士が出会うこと、保護者と保護者をつなぐことです。ここでも、教師のリーダーシップが大いに発揮されるところです。

しかし、教師は転勤し、やがてその地域を去ることになります。教師がいなくなっても保護者が地域で教育力を持ち、地域でつながっていくことが私の願いです。ですから保護者と保護者をつなぐことは、教師として、その地域にいるときにやっておきたいことです。

私は、次のような方法ですすめます。

①保護者同士のつながりをつくる。
「保護者の会」。たかが飲み会、されど飲み会。
「回覧ノート」で保護者同士の交流を。
②一人ひとりの保護者の個性や活躍のチャンスを見つける。
保護者自身の自立、生きがいをつくり出す→独自の活動、パートの勧め、地域の再生へ。

〈1〉 保護者同士が〈出会う〉飲み会

どうやって保護者をつなぐかということですが、私の場合、その一つは「飲み会」です。保護者にはいろんな人がいますから「子どものためになることをしたいと考える、教育に熱心な人たち」「親同士親しくなりたいので、飲み会をしたい人」など多様です。

クラスの飲み会をすると、**保護者会には来ないけれど、飲み会では会える**という人もいます。仕事を持っている人は、夜なら大丈夫という人もいます。七月の終業式のあとにやったことがあります。そのときは、日頃はとても静かなお母さん二人にお願いして幹事になっていただいたのですが、その二人が呼びかけたこともあってか、クラスの半分くらいの方が出席しました。

飲み会をすると、中におばあちゃんが来てくれたり、お父さんもいたりします。小さい子どもがいるので、最初、父親が来て、途中で母親と交替するという人もいます。たいてい、よもやま話から入るのですが、知り合いになると、子どもの場合もそうですが、安心します。私はたいてい途中で失礼するのですが、みんな盛り上がって、夜中の一一時とか一二時、ときには午前二時までやっていたとか聞きますから、飲み会をして知り合いたい思いは十分あるのだと思います。そんな中で、「今度は父親だけの飲み会はどうですか」などという話まで飛び出したりします。

飲み会をやっているのは保護者なのですが、**初めは教師がお膳立て**をします。**保護者がつながってほしいという思いで意識的に**やっています。意義を感じて行っていることですから、決して飲んで騒いでという〝おふざけの会〟をしようというのではありません。

一度「飲み会」をすると、次の保護者会のとき、もう全く雰囲気が違います。飲み会はだいたい一年に二、三回くらい開かれることになります。しかも担任が終わった後でも、保護者だけで続いていることも多いです。保護者同士の大切なつながりの場になっていることがわかります。

このほかに、お休みの日、公園で偶然会ったことにして、みんなで出かけたりすることもあります。そんなとき、私はそばに一緒にいる人です。保護者が仕切り動かします。そこが大事だと思っています。「保護者たちがやっている活動」に関わっているからです。よく、「気の合わない保護者だっているんじゃない？」と言われたりしますが、人には誰にでも好みはありますから当然、私にもあります。しかし、保護者と保護者をつなぐんだ、という意識でやっていますから、気が合う・合わないという発想はしません。飲み会一つでも、私がリラックスするためにやっているのではなく、ポリシーを持って仕事でやっているのです。

〈2〉「回覧ノート」は保護者をつなぐ〝必需品〟

保護者の回覧ノートも、クラスを持ったら、ほぼ毎回やっています。「おしゃべりノート」と題して、ノートを三冊用意し、保護者たちをたいてい三つのグループに分けて、順番に回します。子どものこと、趣味の話、結婚前の話だったり、話題はなんでもかまいません。つい最近読んで面白かったのは、「失敗しない簡単な夕食の作り方」でした。私も早速、実行しました。

回覧ノートは子どもが学校に持って来て、私に渡します。私は読むだけで、ほとんど書きません。私が読んで、次の番の人の子どもに渡します。ただ、Aグループの人は、B、Cグループの人が書いたのを読めませんから、B、Cの人たちが書いたのを時々コピーして、それぞれのノートに貼り付けたりします。AのノートをBへ、BのノートをCへとまわしていく場合もあります。そうすると、グループ以外の人の分が読めます。

みんな実によく書いてくれていて、たいてい一ページぎっしり埋まっています。これを読むと、「ああ、こういう人なんだ」と書いた人のことが少しずつわかってきます。どんな人なのかもわかってきます。保護者同士がきっとそうであるように、私は「**おしゃべりノート」で、保護者への親しみや理解が深くなっていく**のを感じます。ここでペンをとってくれるのはお母さんだけではないのです。例えば――

《はじめまして。岡田花子の父です。前の方々のを読むと、全て母親なので、書くのをためらいましたが、母（妻）が今夜夜勤で留守なので、思い切って書きました。……

母は○○の仕事で、すごくがんばっています。多いときは週に二、三日夜勤があるため、父子家庭…と、うちでは言っています。日勤でも帰る時間が遅くなってしまうので、

保護者をつなぐ回覧ノート。どの頁もビッシリ書かれている。

娘は学童クラブから、父の会社に寄るようにさせています。一八時以降にランドセルを背負った花子が駅の辺りを歩いていたら、「お父さんの会社に行くんだな」と思って見ていてください。……》

《こんにちは。◇◇◇の父です。保護者会でも話しましたが、我が家は僕と息子の二人家族です。カミさんは四年前に亡くなりました。……僕は仕事柄、家にいることが多いのですが、息子はたくさん友達を連れてきます。家族が少ないので、友達が遊びに来てくれることがとてもうれしく、息子も喜んでいます。……》

回覧ノートが二周もすると、保護者の関係はとても親しいものになります。

《わあ、すごい読み応え！　一気に長編

小説を読んだ気分になりました。途中、ふっと窓の外を見ると真っ暗。あわてて走って買い物に行き、また読み始めてしまいました。○○さん、お風邪なんて下に住んでいながら全然気がつかなくてごめんなさい。息子が土曜日におしゃべりノートを出さなかったので、今日知ったのです。早くよくなってくださいね。その息子も昨日あたりから、くしゃみや咳をしたりで、どうやら風邪のようです。私には長女（高2）、長男（中3）、次男（小4）の三人の子どもがいますが、三人目で初めて親子の顔がセットで覚えられました。こんなこと初めてです。これもそれもおしゃべりノートやおしゃべり会、忘年会のおかげと感謝しております。》

前に、「子どもの後ろに保護者を透かして見て、子どもを理解する」と書きましたが、**保護者同士もこのノートで、相互理解を深めていく**のです。保護者の中で誰が中心になって動いてくれそうか、誰は何が得意かなどわかってきます。

回覧ノートが「誰かのところへ行ったまま行方不明になる」という話をよく聞くのですが、私は、このノートは子どもの指導と同時に、**保護者をつないでいく上で〝必需品〟**だと思っていますから、なくしません。保護者を知る、保護者をつなぐという意図を再認識してやってみたらいいと思います。私の場合、一週間たっても返ってこないときは、子どもに、「あなたのところに行っているはずだから。おうちの人が書けなかったら、そのままパスでいいから持ってきて」と言って、ノートを自分のところに戻します。

このノートは一年たったら私が一冊もらって、残りの二冊は役員さんに持っていただくことにしています。

〈3〉地域で行った性教育

この節の冒頭で、「クラスを持ったとき、目標にするのは保護者同士が「出会う」こと。そして「地域でつながっていくこと」ですと書きました。

今それでイメージしているのは、**保護者が地域で教育力をもつ**ことです。これは、第Ⅱ部の実践記録「つながりたい思いを一つに」（175頁～）で性教育をしたことを書いていますので、詳しくは述べませんが、保護者の中にたまたま助産師のお母さんがいて、その方が妊娠していることがわかったので、「命の誕生」の授業に参加していただいたのです。

その授業をどう組み立てるかという相談の過程で、「いま、子宮頸《けい》がんで子宮全摘になってしまう若い女の子がかなりいる」という話を聞きました。現場でのなまの話には衝撃を覚えます。私は、東京では教育委員会の方針で、学校で自由に性教育ができなくなっているという話をしたところ、お母さんは「性教育は大切なことなのに」と現状を心配されて、すっかり意気投合しました。

その後、折りよく飲み会が開かれたので、集まった保護者たちにその話をすると、性をめぐるマスコミの情報などにはみんな危機感を抱いていることがわかったので、「みなさんが主催して性教育の講座を持ったらどうでしょう」と提案したのです。そのお母さんは伊藤さんという方なのですが、「まかせてくださーい!」という明るいお返事で、年明けの二月、区民館を会場に保護者+子ども参加で第一回目の「性教育講座」が実現したのでした。

しばらく前『恋空』というインターネット小説が大変評判になっていて、映画にもなりましたが、その本を読んでいる六年生の女の子が、「先生、これ、なんて読むの?」と聞いてきました。見たら「からだ目当て」という言葉が飛び込んできました。中身は、主人公の女の子がつき合っている男の子とセックスして赤ちゃんができた。しかし彼の元彼女に蹴飛ばされて流産してしまう。その相手とは別れるのですが、その後も次々いろんな男の子とつき合う。「二つになって……」という表現があるのですが、つまりセックスをして結ばれるという意味で、それで恋愛が成就したということになるのです。

設定は「高校一年生」ということになっているのですが、そういう小説を性教育を受けていない小学生が読んでいるのです。そうした小説に表れている女の子の人生観は、恋愛一筋＝彼との恋愛成就です。

先ほども書きましたが、現実は母子（単身）家庭、シングルマザーの深夜労働、女には正規採用の道も少ないこと、そして、最近離婚も増える一方です。あまりにも安易な、そして危険な商品が子どもたちを取り込み蝕んでいるのです。

そんな状況ですから、現状を心配する女の子の保護者は必死です。被害者になりますから。望まない妊娠だけでなく、今は性感染症も蔓延しています。若い子が子宮全摘になるのは、性感染症からだそうで、そういう子がいっぱいいると、伊藤さんが嘆いていました。

教師は言い出しっぺになったとしても、やがては転勤してしまいます。ですから保護者たちが自立して、独自に共同の子育てとして、地域の中に教育する力を根づかせていかれたらいいと考えます。

繰り返しますが、東京では今、学校で自由に性教育をすることはできなくなっています。一方、子どもたちは歪んだ性情報から、性について学んでいます。大変な事態が起こっているわけです。そういう意味で性教育をすることは、東京の子どもたちにはとりわけ必要です。教育力と言えば、引きこもりや仕事を奪われた青年たちを、地域でサポートする組織も、いま急速に必要とされてきていると思います。

〈4〉保護者の独自の活動で、自分の世界を広げる

母親、特に家で専業主婦をしている人は、我が子が問題を抱えた場合、大変だと思います。一つには、一日中家にいると、子どもの悩みが頭から離れることがないからです。もう一つは「困っちゃった」と愚痴を言える相手が少ないのです。

一日中子どものことを考えていると、誰だってそうだと思いますが、その問題がどんどん大きく広がります。話をする相手がいなかったら、妄想まで起きてしまうことがあるでしょう。前にも書きましたが、今は地域が不在ですから、相談する相手がいないのです。ネットワークもない。保護者同士、おしゃべりはしても、相談相手は少ないものです。ですから、先ほど書いた保護者の飲み会でつながりをつくることも必要なのです。

子どものことばかりうんうんうなりながら考えていても、なかなかいい知恵は出てこないものです。ですから、保護者の世界を広げ、子どものことも広い視野から見られるようにすることが必要です。その一つが、保護者の独自の活動であったりします。

第Ⅱ部の「つながりたい思いを一つに」(175頁〜)に登場する山口さんがやってくれた

ような読書指導のまとめ役をはじめとした学級や学年、学校行事への援助や参加、ボランティアなどです。また保護者独自の活動も考えられます。目標をもった活動をすると、自分だけではない人との関わりが生まれ、人とのつながりができてきます。ですからときには、「パートに出てみたらどうですか」とパートをお勧めすることもあります。働いている間は自分の子どものことからとりあえず離れることができますし、人とのつながりも生まれます。

保護者の独自の活動や、ボランティアなどは大きくは自分の世界を広げていくことにつながるきっかけになります。とりわけ、**子どもたちに関わる活動をすることで、「自分の子どもを育てる」という目から、「クラスの子どもたちを育てる」という視野が広がり、さらに他のクラスや学年に広がっていくと、すでに保護者が最初に持っていた子育て観は、もっと大きな子育て観に変わっていきます。**

いま子育てを中心に生きていても、子どもが巣立ったら、母親（保護者）は新たな人生の目標に向かって進むことになりますから、子育てをしながら世界を開いていくことは、この先のことを考えることにもつながりますから、いいことだと思います。

仕事で忙しい教師も、時には気分転換で他のことをすることで、新しい自分に出会ったり、学ぶことがありますから、これは保護者にだけ言うことではありません。

V お互いの人権を尊重し合う
——ほどよい距離感で接する

子どもたちを指導するには、保護者と手をつなぐことが必要だと述べたのですが、そうなるとかなり保護者と接することが増えますし、仲よくもなり親しくもなります。でもそこで心がけでいることは二つあります。

①親しき仲にも礼儀あり。
②教師も人間、保護者からの人権侵害は許さない。

ほどよい距離感で接することです。

❖教師は人権侵害を受けてはいないか

私は互いの人権を尊重しているかどうかということに、とても関心があります。しかし今の社会で、対等に相互を尊重する関係を成り立たせるのはけっこう難しいことだと日々実感します。

裁判を起こした両親、アユミの話（52頁〜）のところで触れたのですが、ちょっと力を持っているものが、権力を乱用してしまうことがあります。自分より立場が強いか弱いかで、上下の力関係が生じていることはよくあることです。そうした力関係があるときは、対等で互いを尊重し合う関係を築くことはむずかしいことです。

今、**相手の人権を尊重すること、そして自分の人権も侵害されないよう互いの関係をつくることが大きな課題**になっていると思います。

保護者が教師の家に電話をかけてきて、夕ご飯の支度もできない、夜中まで電話で寝ることもできない、そんな話を聞くことがあります。

子どもや保護者にとって緊急なときは、時間もスケジュールも緊急なことに合わせます。教師が「今は子どもにとって緊急事態である」ことを認識していれば、夜中に動くこともあります。しかしそうでないのに、夜中まで電話が続くようであれば、それは教師のプライバシーへズカズカと踏み込んでいるということです。明らかに教師への人権侵害です。

ある教師の話ですが、毎晩子どもの悩みについてあれやこれやと電話をかけてくる保護者がいました。もちろんはじめの二、三回はたまたまそういうことが続いただけだろうと思っていたそうですが、電話は毎晩必ずかかってくるようになりました。それも、一時間どころか二時間、三時間に及ぶこともありました。その先生は眠れなくなり、電話の音に脅えるようになってしまいました。そして心療内科にかかり、精神安定剤、睡眠剤を服用するようになり、病休に入ってしまいました。

先に書いたアユミの担任の先生は、事件の翌年は転勤してしまいました。アユミの保護者は、アユミの担任の先生の人権を侵害していたと言えます。

執拗な電話、あるいは根拠のない攻撃を受けると、後々自分自身も心を病むことになったり、苦しむことになる場合があります。人の心に侵入していることを相手が気づいていないのだとしたら、そのことを伝えるか、あるいはその人から距離をとるということも出てくるかも知れません。

❖何でも受け入れてしまう親しさは信頼とは違う

相手の人権を尊重すること、そして自分の人権も侵害されないようお互いを尊重し合う関係をつくることが人権尊重を実現することになります。

私は**保護者との面談は基本的には三〇分を目安**にします。もちろんケースによって違います。長くなることもありますが、定期的に面談をしている場合は時間を決めることが必要だと思います。

何でも受け入れてしまう親しさは信頼とは違います。距離感というのは、教師自身の人権感覚の問題だと思うのです。保護者のトラブルに対して保護者の人権を尊重すると共に、自分の人権も尊重することを同時に考え主張していくこと、人権感覚を研ぎ澄ましていくことが、保護者と共に教育をつくり出していく上で、とても大切です。ですから人権侵害を許さない、人権を尊重する社会を築くことが人類の大きな大きな目標です。それに向けて人権感覚を磨いていくことは、これからの教師の大きな課題だと思っています。

人権感覚は日々の生活や言動ににじみ出てきます。そんなことも意識しながら自分を振り返り、生きることを考えたいと思います。

子どもや保護者の悩みは親身に受け止めるのが教師です。他方で保護者が教師の人権も尊重すること、社会や職場内でのパワーハラスメントなども含め、人権を尊重することを主張していくことも、いま教師に必要とされているのではないかと思います。**一方通行の人権尊重はありえない**からです。

〔注1〕家族には今さまざまな形があります。この本ではなじみやすいように保護者、両親、母親、父親という言葉で記述してきましたが、子どもを養育している人はいろいろですから、正確には〈養育者〉という言葉を使うのがよいかと思います。

〔注2〕私は子どもたちを男の子も女の子も「〇〇さん」と呼びます。呼び捨てはしませんし、男の子だからといって、「〇〇くん」とも呼びません。それには理由があります。

一つ目は、男子は「くん」、女子は「さん」と区別する中で、男子はこうするべき、女子はこうあるべきという、学校の中での無意識の男女別のカリキュラムが存在するからです。

例えば、男子は力がある、ちょっと乱暴で暴力を振るうこともある、腕白でやんちゃで規律を破りやすい……。女子は従順である、言われたことをまじめに行う、騒いだりしない、静かでない子はおてんばと言われる……。人によって多少考え方は違っているにしろ、何かと無意識に、当たり前のように男と女を区別して教育を進めていることが多いことです。机運びは男子が行い、女子は教室の飾りつけというのはよくあります。整列は男女それぞれ一列。男女混合名簿ができましたが、男女の見分けがつかないので使いにくいという人もいます。

つまり、教育するときに、男女で区別してすでに教育が進められているということです。

そうした中では、男女別の常識から外れないように、教師も子どもも、また保護者も無意識に行動します。そういう中では自然と育て方が男女で違ってくるのです。これは〈隠れた学校のカリキュラム〉で、子どもたちを男と女の型にはめている教育です。男らしく、女らしくがその象徴です。それはおかしいというのが一つ目です。

二つ目は、人間には男と女しかいないわけではないということです。体が男でも女でもない人もいれば、体と心が一致していない人もいます（『〈性〉のミステリー』〈講談社新書／伏見憲明著〉によれば、人間は何種類にも、体の性と心の性が分かれるそうです）。そして性格、環境を考えたら、一人ひとりの人間はみんな違うのです。性同一性障害で苦しんでいる人、同性愛の人などの存在や人間の性の複雑さがあることを知り、一人ひとり違っていて、それぞれがそれぞれの個性を伸ばしていくことが必要であることがわかってきて、私は「〇〇くん」と呼ぶことに抵抗を感じるようになりました。それで、あるときから、一人ひとりを一人の人間として「〇〇さん」と呼ぶことにしたのです。

三つ目は、いわゆる日本社会で、自分より地位が下の者、あるいは年下の人を「くん」と呼ぶ習慣があります。それも、それぞれの人権を尊重することを考えたら、もうやめたほうがいいと思うのです。でも、一番の理由は男女別に行われる〈隠れた学校のカリキュラム〉はおかしいと思うことと、人はみんな違っているのに、勝手に区別するものではないというのが主な理由です。

第Ⅱ部

【実践編】

子どもの生きづらさ、親の生きづらさに向き合う

実践❶

カズヤの登校渋り

――カズヤの自立と母親の自立を励ます

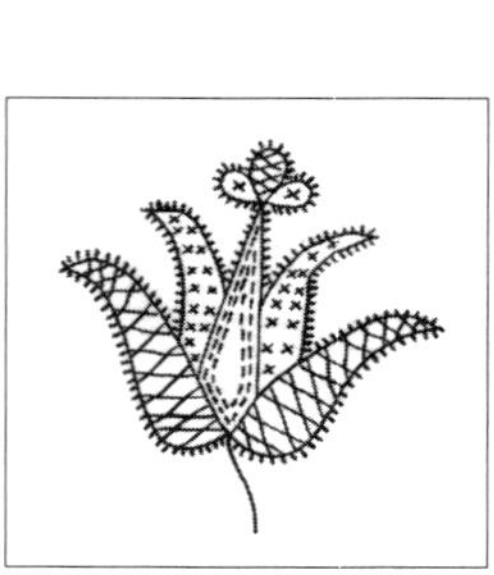

子育ては当たり前のように、親、とりわけ母親の責任とされていることが多い。しかし、その母親も、実は、自分の自立や生き方で思い悩んでいることがある。子どもを生むことができても、子どもを育てられるかは別のことだ。乳児期や幼児期は自分の愛玩物のように思ってきたカズヤの母親は、カズヤの成長と共に子育てに立ち尽くしてしまった……。

✻「朝、ぐずっているので、家に置いてきました」

カズヤは大変幼く、体の小さい子だった。就学時検診では髪は金髪だったが、入学したときは黒くなっていた。ハーフパンツからひょろっと細い足が出ていた。学校でのカズヤは一人でぼんやりしていることが多く、すぐに泣いた。泣いた姿は赤ちゃんのように幼く見えた。

母親に初めて会ったのは、カズヤを腎臓の二次検診に連れて行くため、教室にカズヤを迎えに来たときだった。

「腎臓が悪いのは別れた亭主の〝置き土産〟なんでーす」

とカズヤの病気の理由について、母親はしゃべった。二〇代だろう。しっかりとファンデーションを塗り、素顔がどんな顔であるかわからないような化粧をしていた。原宿でも歩いていそうな〝ギャル〟という感じに見えた。

そのカズヤの登校渋りが始まったのは、一年の二学期だった。

「朝、ぐずっているので家に置いてきてしまいました。きっと懲《こ》りたと思います」

明るい声で母親から学校に電話が入ったのが九月四日。しかし翌日もカズヤは来なかった。家に電話をすると、受話器をとってガチャンと切る音が聞こえ、その後は留守電になった。心配になり、夕方家に行って呼び鈴を押すが出てこなかった。しかし窓の明かりはついていた。それが、来たり来なかったりのカズヤの登校渋りの始まりだった。

❇廊下で泣きじゃくるカズヤと母

一七日の朝、学校の廊下でしゃがみ込んでいるカズヤと母親を見つける。カズヤも泣い

ているが、母親も同じようにしゃがみ込んで泣きじゃくっている。母親は泣きながら、

「二三日もだめだったんです。頭が痛いって言って……。休むのがくせになっちゃったみたいです」

と私に訴えるように言った。私がカズヤに教室に行って支度をするように話すと、泣いている母親を見て、いっそう泣く。「早く行こう」と言うと、吹っ切れたように教室に向かってとことこ歩き出した。

「お友達のいるところでも平気で泣いて、恥ずかしくないのかしら。情けない……」

カズヤの母親は子どもたちのいるところで泣きながらそう言った。自分も子どもと同じように人前で泣きじゃくっているのに、その自分の姿には気づかないぐらい混乱しているようだった。

「今が順調なのがいいかどうかはわからないでしょ。『大丈夫だから行ってらっしゃい』という気持ちを持ってください。さ、気分変えて、仕事に行ってらっしゃい」

と言うと、「先生に迷惑かけて」と言いながら泣き顔をいっそう歪ませながら、それでも必死で笑みを浮かべて帰って行った。

母親の都合がつかず、面談をすることができないまま、週に一度ぐらい休む状態が一カ月ほど続いた。母親は自転車でカズヤを送って来ていた。私は校門まで迎えに出た。そし

て次第に、私はカズヤの家の近くまで行くようになっていった。

✻「いいんです、どうせあの子の人生なんだから……」

運動会が終わり、また二日ほど休んだ。家に行って呼び鈴を押しても出てこない。電話をしても出ない。ようやく、三日目の朝、呼び鈴を押すとドアが開いた。

「電話をしても出ないし、心配したのよ」と言う私に、

「私、いやになっちゃったんです。二日間、この子と家にいたんです。失踪《しっそう》したと思いました?」

とちょっとふざけたように、母親は笑ってみせた。

「電話だけはしてよ。心配するでしょ」

そう言って、カズヤの手を取って学校に向かう。

「いってらっしゃい」と言う母親の顔からは、さっきの笑顔は消え、目に涙をいっぱいためて唇を震わせていた。

また二、三日休んだ後、朝、学校に電話があり、

「転校させようと思います」と母親は電話口で言った。

「転校しても、学校に行かれるようになるかどうかわからないし、とにかく相談しましょ

うよ」と話すと、

「いいんです、どうせあの子の人生なんだから……」と投げやりに言った。

急いでカズヤの家に行く。ドアの内側で怒鳴り声が聞こえる。カズヤの泣き声も聞こえる。思い切ってドアを開けると、カズヤが泣きながら玄関に立っていた。

「お前なんか、もう帰ってくるな」

と母親はカズヤを叩いている。私は母親から引き離すように、急いで靴をはかせ、

「さあ学校に行こう」と手を引いて連れ出す。

「もう帰ってくるな」

母親は泣きながらカズヤの背中に向かって言いつづけた。そして私に、にらむような視線を向けた。

カズヤの家は母とカズヤ、そして祖父が同居していた。しかし、祖父はほとんどカズヤと母親との生活には関わっていなかった。食事も一緒ではなかった。母親は朝から夕方までコンビニで働いていた。

母親はカズヤを生み、どう育てて良いかわからないままカズヤに接してきた。そして一年の二学期から登校渋りが始まり、どうにもならず立ち尽くしてしまった。その母の涙を見て、私は、彼女は日頃自分の本音や弱音を語れる相手がいないのだろうと感じた。家ま

でやって来る担任に、自分の不安やいらだち、甘えたい思い、支えてほしい思いをごちゃ混ぜにしながらもぶちまけてしまったのだと思った。反発と、べったりとした甘えを繰り返す思春期の女の子のようだと思ったが、一方「この教師は本気で自分たちのことを考えてくれるのか」母親に試されている気がした。

母親は信頼できる人、助けてくれる人を求めている。今、カズヤだけでなく、母親をも支えなければ、親子ともども引きこもってしまうのではないかと心配になった。この母親に精いっぱい寄り添っていきたい、そう思った。

❇「明日から毎日、お迎えに行きますから」

一〇月半ば、ようやく面談の時間が取れた。すでに二回ほど、面談の約束をしても来なかったのであきらめかけていると、六時過ぎ見知らぬ中年の男性といっしょにやって来た。いったいこの人は誰なのだろうと思いつつ、慌てていた私は、その男性がカズヤの母親とどういう関係なのか聞くことも忘れていた。

「子どもがいじめられていると思ったら、悲しいじゃない……。男のくせに、やられたらやり返せばいいのに、情けない……」

母親は泣きながら脈絡のない話を、私にではなく、いっしょに来た男性に駄々をこねる

子どものようにまくし立てた。そんな母親にその男性は、

「おまえがそんなこと言っていたらしょうがないじゃないか」

と説得している。そしてその男性が今度は、

「うちの子も二年生のときに不登校になったことがあるんですよ」

と自分の息子の話をはじめた。私の指導に文句を言いにやって来たのではないかと疑っていた私は、そのときの事態を把握できず、頭がごちゃごちゃになっていた。よくわからないが、その男性がカズヤのことを一緒に考えようと、相談にのるために来てくれたことはわかった。そこで私が、

「明日から毎日、お迎えに行くから、いっしょにやってみましょう」と話すと、

「先生もああ言ってくださっているんだから」

と男性は盛んに母親を説得した。

しばらくして母親は笑顔になり、

「じゃあ、明日からお願いします」

と言い、明るさを取り戻して帰って行った。

❇二カ月間のお迎えの成果

翌朝から、迎えに行くことになった。私は駅を降りると、そのままカズヤの家に向かうことを、校長に了解してもらった。七時四五分にはカズヤの家に着く。カズヤは玄関でカバンを背負い、私を待っていた。私の手を取ってトコトコ歩き出す。はじめは話しかけてもほとんど返事もなかったが、だんだんと話をするようになった。

カズヤと話すようになって、面談に一緒にやって来た中年の男性は母親のカレシであることがわかった。母親とカレシと三人で旅行に行ったこと、学校に行ったらマウンテンバイクを買ってもらう約束をしていることなど……カズヤは私に話した。

私のお迎えが日常になり、スムーズに学校に来るようになって一カ月ほど経って、また母親と面談をした。母親はおしゃれをしてやって来た。

「すっかり先生に頼ってまーす」

と開口一番ニコニコと、そう言った。そして母親は、私にこんな話をした。

――宿題は「ママがやれ」とカズヤが言うので、左手で書いてやったりしている。自分は子どものときから、学校が嫌いだった。「学校なんて何にもしてくれない」と思ってきた。勉強も全然やらなかった。母（カズヤの祖母）は中学のとき亡くなったので、姉妹で好き放題やって育ってきた。父はその頃から何もしてくれなかった。その父（カズヤの祖父）とは、今いっしょに住んではいるが、食事も生活も全く別にしている。父は自分のことを「子どもが子どもを育てているみたいだ」と言うが、父が協力してくれることはなく、カズヤのことは「お前が悪いからだ」と言う。

私が、「クラスの親とも知り合いになって、おしゃべりもできるようになると少し気が楽になりますよ」と話すと、クラスの親には興味もないと言うので、「カズヤさんのことを相談したり、カズヤさんを育てるために親としては必要じゃない？」と話すと、少し考えたようにうなずいた。

母親と確認したことは、

一、これからはカズヤがお迎えなしで自分で学校に来れるように指導していくこと。

二、カズヤが来られないときは私の携帯にすぐ連絡をすること。

三、宿題は自分でやるようにさせる。

の三つのことだった。母親が帰る間際に私の携帯が鳴った。中途で申し訳ないと断り、電話の用件を済ませ、母親との面談を終えた。

帰り際、暗くなった廊下を二人で歩いていると、母親が突然言った。

「先生、カレシいるんですか？」

私はびっくりした。

「どう思う？」と聞く私に、

「さっきの電話、カレシからかなあと思って……」

と親しげに話した。私への距離を近く感じている表現なのだろうが、あまりに唐突だった。が、母親がそんなふうに私を感じてくれていることはうれしかった。

その後、お迎えの場所は玄関からマンションの入り口になり、横断歩道になりと、学校に近づいていった。そして二学期が終わる頃には、カズヤは一人で学校に来られるようになった。

三学期が終わり、春休みになった。クラスの子どもたちと保護者で近くの公園にお花見に出かけた。私はカズヤの母にも声をかけた。クラスの親には興味もないと言っていたカズヤの母だったが、カズヤを連れて参加した。これを機に、カズヤの母親は奈津子、達夫の母親らとつながるようになっていった。奈津子の母親とは「お茶」をしたり、奈津子とカズヤを映画に連れて行ったりということもあった。

❇友達の中で育ち始めたカズヤ

一年生のクラスは持ち上がりで二年生になった。二年になってからのカズヤは学校でやんちゃな面を出し始め、乱暴な言葉も使うようになった。一年のときは友達がいなかったカズヤだが、達夫、レナ、正也、優と友達になった。同じ学童クラブの達夫とは七時ぐらいまで遊んでいて家に帰らなかったりで、母親たちは頭を悩ましたが、それはカズヤが順調に育っている証だった。

「もう、すっかり大丈夫です」と母親は安心しきったように話した。しかし、私は物を与えては言うことを聞かせようとしている母親のカズヤへの躾に不安を感じていたので、カズヤの母親との面談は定期的に続けた。

❇再び始まった登校渋り

二年生になってからは、カズヤは毎日学校に来るようになった。しかし、三学期が始まり一週間ほどしてカズヤは再び休んだ。

翌朝、カズヤの家に行く。母親はドアを開け、

「おじいちゃんが、昨日から海外旅行に行ったので、そのせいだと思います。先生、お願いします」

と私を家に招き入れた。家の中は以前よりぐっと増えたおもちゃやゲームで散らかっていた。小さな黒板には「バカママ」とイタズラ書きがしてあった。

カズヤはパジャマのままベッドの中にいた。抱き起こすと、体が硬い。着替えさせてか

しん入生
入じょう
入えんしき
入口

ばんを背負わせ、「学校に行こう」と外につれ出そうとするが、動かない。柱にしがみついて離れない。母親は見ているだけだった。私は、母親に言った。

「私もがんばっているんだから、お母さんもいっしょに手を貸してください」

すると、母親は部屋の隅で首を横に振り、

「近所にも聞こえるし、恥ずかしい」

と言い、うずくまって顔を伏せ、泣いてしまった。

カズヤの態度は今までとは明らかに違っていた。無理やり引きはがしても仕方ないと思い、明日は行くという約束をして帰る。今回は今までと違って、てこずりそうだという予感がした。

翌日また、カズヤの家に行った。

「おじいちゃんが帰ってきたら行くと思います」

と言う母親の言葉からは、何としても行かせようという気配は感じられなかった。

その頃になって気づいたのは、どんなにカズヤのことが大変でも、母親はいつも化粧をしていたことだった。唇まで肌色になるぐらいファンデーションを塗っていた。パジャマを着たまま玄関に出て来ることもあったが、その絹のパジャマには一晩寝たらつくであろうしわがなかった。こんな差し迫った事態になっても、母親は朝、新しい絹のパジャマに着がえ、化粧をしてからでないと人前には出られないのだ。母親自身が生きていく上で抱えている大きな問題を感じた。

学童クラブは一一月にはやめていた。母親にはどこか投げやりな感じが見えた。

❇「カズヤさんと遊ぶ会」をつくる

母親の言う通り、祖父が海外旅行から帰ると、カズヤはえらそうに「一週間に三日だけ学校に行ってもいい」と母親と約束をした。

カズヤはまた、私と達夫のお迎えで週三日だけ学校に来るようになった。物を与えることでカズヤを学校に行かせてきた母親の育て方はカズヤにはすでに通じなかった。カズヤは母親の言うことは聞かなかった。

学校に来れば、カズヤは楽しそうに過ごす。今、カズヤの成長を促すためには、母親と二人だけの世界から飛び出して同じ年代の子ども同士の交わりを結び、子ども同士の世界を開いていくことだった。

そこでクラスでは「カズヤさんと遊ぶ会」をつくった。遊びは鬼ごっこがほとんどだった。カズヤは一〇人以上の子どもたちと、キャーキャー言いながら、汗を流して嬉しそうに遊んでいた。放課後は、学校にいる時間を長くさせるために、勉強が遅れているという理由で居残り勉強を名目に教室に残した。

カズヤを残して、私はわざと職員室に行ってしまう。すると、いっしょに残っている達夫、正也、レナと遊び出す。三〇分もして教室に戻って来ると、教室はにぎやかな遊び場と化していた。放課後遊びの中で、カズヤはさらに明るくなり、顔色もよくなり、活発になってきた。カズヤは学校の生活の中では確実に学級の子どもたちと交わる力をつけ、発達していくことが目に見えてよくわかった。

カズヤの登校渋りは、学校やカズヤに問題があるのではないことは確かだった。今、カズヤが世界を広げていくのを止めてしまっているのは、明らかに母親だった。カズヤを自立させる力を母親は持っていないのだ。

カズヤにとって、今が自立のチャンスだった。このままの不安定な状態で放っておけば、三年生になっても、登校渋りは続いていく可能性は十分だった。

❇校長先生のちからを借りる

カズヤには、集団の中で生きていくために必要な力はすでに育っていた。今、カズヤには学校に来ることを励まし、背中を押してくれる人が必要だった。カズヤ自身もそのきっかけを求めているのではないかと思えた。しかし、私は、母親との関係が近すぎてその役はできない。そこで失敗を覚悟で、校長先生にカズヤの背中を押す役をしてもらうことを考えた。私は校長先生のところに言ってこう話した。

「校長先生、悪役になっていただけません？　カズヤさんが学校に来るように、校長先生に約束をさせてほしいんですよ」

校長先生は、

「悪役ねえ、いいですよ。連れて来てください」

「悪役なのだから、怖そうにしてくださいね」

「はい。わかりました」

と校長先生は笑いながら言った。

私は、校長先生がカズヤに話があると言っていると伝え、校長室にカズヤを連れて行った。校長先生は打ち合わせの通り、

「きみがカズヤさんか、明日から毎日学校に来るようにしよう。校長先生と約束だ」

とカズヤに言った。カズヤは校長先生と握手をし、約束した。ずい分やさしい悪役だと私は思ったが、カズヤは神妙に、しかし、どこか嬉しそうな表情だった。教室にもどったカズヤに、私は声をひそめて言った。

「校長先生と約束しちゃったら、ちゃんと守らないと大変だよ。先生も力を貸すからが

んばろう。このことはママには内緒にしておこう」

カズヤはこの約束を母親に言ってしまうだろうか。母親に泣きつくようなら作戦は失敗だ。

❇「明日から学校に行くことにした！」

翌朝、カズヤを迎えに行き、カズヤの様子を母親に聞いた。

「明日から学校に行くことにしたんだ！って言うんです。『誰と約束したの』と聞いたら、それは言えないって言ってました」

と母親は言った。作戦は成功だった。

カズヤは校長先生との約束を守った。カズヤは「母親とだけの世界」から一歩踏み出したのだ。私は心の中で、「これでよし！」と思った。

その日からカズヤは週五日、学校に来るようになった。二、三日して、私もお迎えをしないことをカズヤに宣言し、長かった私のお迎えも終わった。

次に、カズヤは校長先生と「放課後、外で遊ぶ」という約束をした。校長先生と握手をしているカズヤの顔は、校長先生との約束を喜んでいるように私には見えた。

さっそく放課後、クラスの子どもたちはカズヤを誘って近くの公園で遊んだ。

翌日、子どもたちは楽しかった話をしてくれたが、カズヤは休んでしまった。やっぱりまだ不登校は続くのかと思い、心配になった。しかし休みの理由は家にばかりいて体力のないカズヤには、前日の遊びが激しすぎてひどい筋肉痛を起こしてしまったという理由だった。ほっとすると同時に、なんだかおかしくなった。

放課後の遊びを始めたカズヤは、外に遊びに行くたびに迷子になったり、友達に断りもせず帰ってしまったりと話題をまいた。

三年生になってもカズヤは学校に通っている。

カズヤは子育てどころか、どう生きていいのか迷っている母親と、これからも困難にぶつかっていくのだろう。しかし、「母親とだけの世界」から「外の世界」を知り、大きな一歩を踏み出したことは確かだった。

実践❷

先生、わたしさびしかった

――愛子をいじめに追いつめたもの

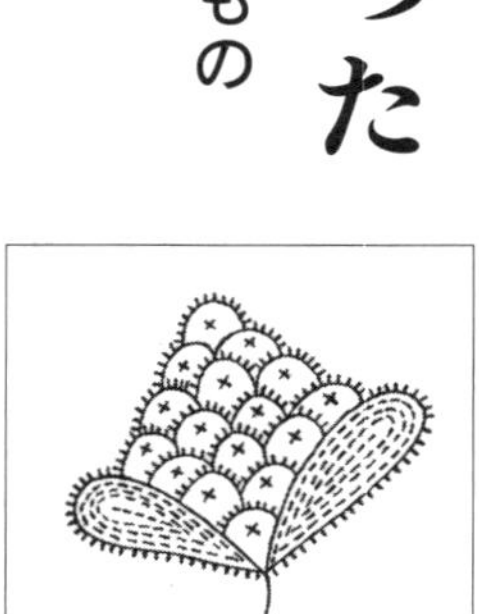

閑静な住宅地。そして一見知的な保護者と利口そうな子どもたち。その中で子ども同士のトラブルは表面には出ることなく深刻な状況になっていた。その陰では保護者同士のうわさや陰口が広がり、子ども同士の関係をさらに歪めていった。意地悪だと、クラスの子どもたちから嫌われていた愛子は、そんな中で苦しんでいた子どもだった……。

❇苦しさを表出する愛子

愛子はみんなに嫌われていた。

「愛子なんか嫌い」と言われることは決してなかったが、クラスの子どもたちは彼女を嫌い避けていた。

愛子の行動を「いやだ」と言わない二年生は、私には不自然で、不可解だった。このクラスは勉強ができ、気が利いているお利口な子どもたちが多かった。「こんなことをすると先生は喜ぶ」「悪いことは思っていても言ってはいけない」と、どうすると教師が喜ぶのかを、実によく自覚していた。

しかし愛子がみんなに嫌われ、無視されていることはよくわかった。愛子はもともとはかわいい顔だちなのに、きつい表情をしていた。

その愛子が私の目に止まったのは、担任になって二日目だった。私が何か子どもたちに聞いたり、頼んだりすると、手と顔を突き出して、

「ハイ、ハイ、ハイ、私やります」

「あのネエ、愛ちゃんネエ……」

とほかの子どもたちを遮るようにしてしゃべり出した。「○○をやっちゃダメ！」「ちょっと待って、愛ちゃんがやる」という調子で周りの子どもを仕切ろうとし、命令調だった。しかし女子の中心になっているユミ、リカ、ナミたちはそんな愛子を冷ややかに見ていた。

愛子のそばには幼い洋子、尚子がいた。

❇トラブルをくり返す三人

その三人が代わる代わるに意地悪をし合っていることに気づいたのは、四日目だった。初めての図書の時間、図書室に行くために廊下に並んだとき、洋子が顔を歪めて、「いたい！」と叫んだ。愛子がつねったのだ。

「どうしてそんなことをするの？」

聞くと、愛子は洋子が言おうとするのを遮って、

「こっちだよって、ちょっと触ったの」とごまかした。

「そうなの？」

と洋子に聞くと、

「ううん。つねった」

と首を振る。すると、愛子は、

「私はやってなくて、ちょっと触っただけ……」

と洋子に言わせないようにする。そして愛子は洋子に、

「大丈夫だった？」

と心配しているふうに言い、その場を取り繕おうとした。

「つねったりしちゃよくないよね。二人のことで困っていることがあるんだったら相談に乗るから、けんかになったら今度は相談してね」と話すと、二人の顔がパッと明るくなった。そして図書室に向かった。その後、図書の先生から「愛子が洋子にとてもつらくあたる」という話を聞いた。

しばらくして、愛子と洋子は、尚子を奪い合ってしょっちゅうケンカをしていることがわかってきた。愛子は三人の中でも一番強いが、洋子もなかなかわがままで意地悪をするところもあった。間に入っている尚子は自分がはずされることはないので、あるときは愛子と二人で、あるときは洋子と二人で、仲間はずれにしたもう一人の悪さを、嬉々として言いつけに来るのだった。

廊下での出来事があってから、愛子は洋子と尚子とのトラブルを私に見せないように気をつかい始め、取り繕った態度が目立つようになった。必死で自己主張をし、友達に愛されたいと思い、必死でもがいている愛子であることはよくわかった。

❇家庭訪問でわかり始めたこと

五月になり家庭訪問が始まった。愛子の家では深い話はしなかった。愛子の家に家庭訪問に行ったとき、母親がオドオドした様子で神経質になっていることを感じたからだった。

それで明るく世間話をして帰って来た。

洋子の家では母親が、

「先生、どうですか。洋子の生活で何か気をつけたほうがいいことはありませんか？」

と言ってくれた。私は前年度まで洋子の姉の担任で、母親との信頼関係ができていたので、学級での洋子と愛子の関係、そうした関係を引き起こしてしまう洋子の成長の課題を話した。母親は、

「そうですか。一年生のときの先生は、洋子の生活について『何もありません』と言っていたのでちっとも知りませんでした。友達にやさしくできるよう、家でもよく話していきます」

と話した。そして、もうひとつ、一年生のときの保護者会のことを話した。

「担任の先生が、『このクラスには神経質になって給食の食べられない子と、幼稚園のとき、自由気ままにやってきたので、今になって自分の思い通りにいかず、どうしていいのかわからなくなっている子がいます』という話をされたら、愛子さんのお母さんが、『うちの子が皆さんにご迷惑をおかけして申し訳ありません』と言って泣き崩れたんです」

愛子の母親がオドオドした様子でいたことの理由が少しわかった。

愛子については一年生のときからの込み入った事情があるらしい。ともかく洋子の母親

とは話ができたので、なんとか指導の糸口をつかみたいと思った。

❇ひどくなる洋子へのいじめ

その後、洋子と愛子の関係に変化が起きてくる。今までは洋子も愛子に意地悪をされると仕返しをし、かなり対等にやりあってきたのが、洋子は愛子につねられたりしても仕返しをしなくなってきたのだ。家庭訪問以後、恐らく母親が洋子にいろいろ話してくれたせいだろう。洋子が今までのように勇ましく仕返しをせず、弱々しい表情を見せることが愛子の癇《かん》に障ったのだろう。愛子の洋子へのどうにもならない思いがあふれ出してきた。愛子の洋子への意地悪は日に日にひどくなっていった。

そしてとうとうある日、愛子は洋子の机と防災頭巾にマジックでぐしゃぐしゃに落書きをした。尚子の方にも、ほんの少ししてあった。翌日、洋子と尚子は鬼の首を取ったように大騒ぎをして、マジックの落書きの件を私に言いつけに来た。

その三日後、バケツに田植えをした尚子の苗がそっくり抜かれてなくなっていた。愛子がやっただろうことは誰もがわかったが、見たわけではない。愛子に早く指導をして、こんな状態の愛子からなんとか抜け出させたいと思ったが、確証がつかめないことが何とももどかしかった。私は、愛子に言った。

「愛ちゃんは二人の友達だよね。もう二度と洋子ちゃんや尚子ちゃんにいやなことが起こらないよう愛ちゃん、ちゃんと守ってね」

愛子に「もうやめなさい」と言いたかった。愛子は私の語気の強さにびっくりしたように私を見た。

❇なぞの電話「お前の娘、どうにかしろ！」

苗を抜かれた尚子の家にお詫びの電話をした。それに洋子へのいじわるもひどくなっていたので、洋子の母親にも電話をした。マジックのいたずらのこと、尚子の苗が抜かれてしまったことを話した。しかし、確証がない中では人権侵害にもなりかねないので指導できないでいる。できるだけ早くよい方向に解決できるよう努力していくので、洋子にはつらい思いをさせてしまっているが、理解してほしいと話した。

洋子の母親はこの二週間、洋子があざをつけて帰って来ていることを話してくれた。そしてもうひとつ、母親が話したことがあった。洋子がまだ一年生だった三月の頃の出来事だった。洋子の家に名前を名乗らない男性からの電話が何度もあり、

「おまえの娘、どうにかしろ」

と言われた。洋子の家は女の子が三人いたので、何度目かに、

「どの娘のことでしょう?」

と言うと、電話口の向こうでハッとした気配がして電話が切れたという。洋子の母親は、

「先生、これは前の先生にも言っていないことなんです。先生も絶対に人には言わないでください」と前置きして、

「あの電話は愛子ちゃんのお父さんだと思います。私はお父さんの視線が怖くて保護者会にも行けないいんです。愛子ちゃんのお母さんも責めるような目で見るし……」

と話した。洋子の母親の話で、私も三月の頃のことを思い出した。当時の洋子の担任が洋子の母親の手紙を生活指導朝会で読み上げた。そして、

「お母さんは、娘たちに思い当たることはないか聞いたそうですが、どの子もないと言っています。子どももおびえているので指導をよろしくお願いしたいと言っています。担任としても、学級の子どもたちの中で脅すような関係は思い当たらないので、各学級で気をつけて指導してほしいです」という話をしたのだった。

当時、洋子の母親が、担任に手紙を書いたときから、本当は電話の主は愛子の父親であると思っていたのだ。もし、電話の相手に覚えがないなら、あのとき、姉の担任であった私のところにも相談の手紙をくれたはずである。三月の話のなぞがようやく解けた。

一年生のときから何かしらの事情があり、愛子の家族は洋子のことを快く思っていなかったことがわかった。今に始まったことではない。私が担任になる前からの根の深い事情だったのだ。

「実は、洋子の上履きが一週間前からなくなってしまい、別のを持たせています。今までは洋子も悪いところがあるので、洋子には、人には意地悪をしてはいけないと話してきましたが、やったことはやったことで、愛子ちゃんにも責任をとらせてほしい」

と言う洋子の母親の考えはもっともだと思った。私もがんばって指導していくので協力してほしいと話した。洋子の母親は快く了解してくれた。

洋子の母親は決して愛子の親を責めるような姿勢ではなく、よい関係をつくりたいと思っていることはよく伝わってきたので、私もなんとか具体的な手立てをとりたいと思った。

❈「愛ちゃん、悪いと思っているんだけど、やっちゃうの」

洋子の母親との話で、私の思い違いが一つわかった。その前の日、洋子の上履きを学年の先生がパソコン室の奥に隠してあるのをたまたま見つけてきてくれた。洋子から「上履きがない」という話は聞いていなかったので、私はてっきり、その日に置かれたものかと思っていた。本当はもう一週間も前の話だったのだ。

洋子の母親と話をした翌日、私は洋子の上履きをもう一度パソコン室に置いてきた。そして朝、登校してきた愛子に、こう言った。

「愛ちゃん、きのうはあんなに、『もう洋子ちゃんにイヤなことが起こらないように見ていてほしい』とお願いしたのに、また洋子ちゃんの上履きがなくなっちゃったのよ。早く探してきてちょうだい」

愛子は鉄砲玉のように教室を飛び出して行った。そしてまもなく洋子の上履きを持ち、

「ごみ箱の中に入っていた」

と言って帰って来た。

私が再び置いた上履きを持って来るように仕向けたのは、辛かったが、愛子が隠したことを確かめるためにはそうするしかなかった。また愛子にうそをつかせてしまった。かわいそうな気持ちでいっぱいになった。

一時間目、愛子とふたりで話をした。

「愛ちゃん、心の中真っ黒になるようなことしちゃったでしょ。みんな言ってごらん」

愛子は、一瞬きゅっと口を結んだ。それから噴き出したようにマジックのこと、上履きのこと、苗のことを話した。今まで言いたくてたまらなかったことをようやく言えるというように、早口で次々と自分のしたことをしゃべった。私の知らなかったこともしゃべり、

次第に涙声になり、泣き始めた。

「愛ちゃん、なんでそんな意地悪しちゃうの?」と聞くと、

「愛ちゃんネエ、悪いって思っているの。悪いと思っているんだけど、やっちゃうの」

そう言って、嗚咽《おえつ》しながらしゃくりあげてわあわあと泣いた。

「愛ちゃん、今までやったこと、クラスのみんなはきっと愛ちゃんだって知っているよね。やったことはよくないね。洋子ちゃんをつねったりしているのもみんな知っているよね。先生は愛ちゃんがこんなことしなくてすむようになってほしい。先生も愛ちゃんを助けていきたい。みんなにも助けてもらおうよ」と話した。

愛子は深くうなずいて、クラスの子どもたちの前で自分のしたことを話すことを受け入れた。

❇人がまちがっていることをしてたら教えてあげよう

教室に行き、私は子どもたちを集めた。愛子は緊張気味に子どもたちの前に立った。そして、愛子は泣きながら自分のしてしまったことを話した。子どもたちは、愛子が話すことをびっくりした顔で聞いていた。

今までは、悪いことがあると担任に言いつけ、担任が個別に〝成敗〟していたこのクラ

スでは、これまでは友達の悪いことなんか思っていても人前では言ってはならないことだったからだ。そして、そのことは結果として、先生の前では「いい顔」をする子どもたちをつくってきた。子どもたちは先生に本当の姿を見せない子になっていた。

子どもたちは目の前の愛子の話にびっくりしたのは当然だったろう。しかし私は、子どもたちが思っていることを言い合い、相互批判と励まし合える集団をつくっていくことが、何としても必要なことだと考えていた。

愛子の話が終わって、私は子どもたちに言った。

「愛子ちゃんに思っていることを言ってあげよう」

子どもたちからは、

「人に命令なんかしないでください」

「やさしくなってください」

「もう、意地悪なんかしないでください」

子どもたちは戸惑いながら言った。最後に、私は子どもたちに言った。

「先生は、愛ちゃんはこれまで人に命令したり、意地悪をしたりしていけなかったと思うよ。でもみんなも悪いところはなかったかな？　どうして、悪いことをしているのに『そんなことをしちゃいけないよ』と注意をしてあげなかったんだろう。言ってあげない

カルタとりのルール
・ゆかでやる。・六かくけいのかたちもつくる
・せいざで手はひざの上。
・じぶんがまけていてもルールをまもる。
・さがしているとき手はひざ。
・人のカードはとらない。
・手がかさなったら下の人のもの。ひっぱってとったりしない。
・はんぶんずつならじゃんけん。
・おてつきをしたら そのときは一まい ふだはとれない

と愛ちゃんだって気がつかないんだよ。かわいそうなことしてきたよね。これからは言ってあげよう。ほかの人もそうだよ。誰でもおかしいなと思うことは、知らないふりをしないで言ってあげないといけないね。これからは、みんなで直し合っていこう」

この話し合いで、愛子がすぐ直るわけではないが、事件そのものは子どもたちの間ではすっきりと終わった。愛子の顔を見てもすっきりしたようだった。

さらにこれを機会に、愛子だけでなく、今まで言ってはならなかった友達への不満を言えるようになり、すこしずつ風通しのよいクラスになっていった。クラスの女の子たちはそれぞれそれを意識しながらも競って自分たちの活動を始め、自己主張を始めた。

帰りの会では、

「久さんと功さんは、和夫さんがトイレに行くと、『また、トイレに行ったあ』と言って冷やかしているけど、なんでそんなこと言うんですか？　自分だってトイレに行っているのに」など、子どもたちが日常生活で当然抱えていただろう問題が出てくるようになった。

ナミは一学期の終わりに、日記に、

《私は、学校から帰るとき、「一緒に帰ろう」と言われたとき、ことわったらいけないと思っていたけど、自分が一人で帰りたかったら、「今日は一人で帰りたいから」と言ってもいいし、ほかの人と帰りたかったら、「別の人と帰りたい」と言ってもいいことがわかってよかったです》と書いた。

お利口さんのクラスなんて本当はありえないのだ。子どもたちはみんな発達の課題を持ち、それぞれの思いを大切にしながら、自分の思いを言い、話し合い、わかり合っていくのだから。このクラスもようやく風通しのよいクラスになり、私もほっとした気持ちになった。

❇愛子の母の苦しみ

愛子がクラスのみんなに自分のしたことを話した後、私は愛子の家に行き、母親と話した。愛子の母親は、「実は……」と言って、誰にも言えなかったという話をした。

一年生の六月ごろ、洋子からしょっちゅう愛子の家に留守電が入っていた。電話は、いつも愛子と母親のいない時間で、内容は、「愛ちゃんとは遊んであげないからね」という電話だったと母親は話した。愛子はその電話をとてもいやがって怖がっていた。一月にはユミ、ナミたちから無視され、ユキ、トモカ、冬美たちからもはずされて登校拒否を起こしかけた。今回のことは、先生からこうして話を聞くまでは知らなかった。四月になって、先生が変わってからは、愛子は学校に行くのをいやがることはなくなったし、楽しそうに生活している、という話だった。

次第にわかってくる事情に、何とも言えない気持ちになった。洋子の家へのいやがらせ電話が、仮に愛子の父親だったとしても、そうせざるを得ない苦しい状態に追いこまれていた愛子の家族の行き場のない思いが伝わってきた。冬美の言った言葉が思い出された。

「先生、愛ちゃんてさあ、幼稚園のときはやさしかったんだよ」

❇親たちの抱えていた事情

愛子の一件がひとまずは解決し、学級は進み始めていたが、親たちはそうはとっていなかったということが後でわかった。「お友達には親切にするのよ」「イヤなこと言ったりしてはいけないのよ」と子どもたちに語り、建前としてのよい子を子どもたちに押しつけながらも、母親たちの間では、「先生が愛子をつるしあげた。かわいそうに」といううわさが広がっていた。

ようやく夏休みが迎えられると思った一学期の保護者会はヘンな雰囲気だった。一学期を終えて、「子どもたちの成長や変化を話してください」と話すと、

「べつに変わっていません」

「あまりひどい個人攻撃にならないように」

など、胸に一物あるような話が混じっていた。私はどっと疲れた。

そこで、話のできそうな尚子とリカの母親に連絡を取り、学校で話をした。尚子の母親は、自分の子が事件の渦中にいたのに、保護者会でもはっきり話してもらえなかったことが気になっていたと言った。私が、「この話は一年生のときの積み残しの事件なので、前担任の持ち越した指導を問題にせざるを得ないので、あえて話さなかったのです」と言うと、納得してくれた。そして、「もう一度、保護者会を緊急に開いたらどうですか」と言ってくれた。それに、このクラスには、親も、そして子どもにも「グループ」があることを教えてくれた。

子どもたちはユミ、リカ、ナミたちのお利口さんグループ。彼女たちは愛子たちを下に見ている。尚子の母親は、ナミが一年の頃「(愛子のことを)あんなことをしていたら、そのうち嫌われるよ」と言っているのを聞いてびっくりしたと言う。子どもたちの関係が冷え冷えとしていることが心配だと言った。

また、母親たちは、小さい子どもを抱えた長女・長男の子どもの母親たちと、上の学年にきょうだいがいる、いわゆるベテランの母親とに分かれていて、ベテランの母親たちは保護者会に赤ちゃんを連れて来てうるさくしている親たちに批判的だと言う。また、前の先生とは、お喋りのできるベテランの母親と、怖くて話ができない気の小さい親がいて、自分も前の先生とは話ができなかったと言った。

リカの母親はこう話した。

「以前、リカの兄が、かつてクラスで吊るし上げにあった経験があったので、今回のことも、愛子ちゃんがどんなことになったのかと思い心が痛みました。せっかく先生の担任になったのに、このままなんとなくよそよそしく一年間を終えるのは残念です」と話した。

親たちの事情はおよそわかった。私は、子どもたちの関係は変わり、それぞれが成長し始めたのに、親たちは、子どもから聞いたよくわからない話を鵜呑みにしたり、事実はわからないのにうわさや陰口を広めないでほしい、そんな切ない思いになった。しかし、親たちも互いにわかり合うチャンスも子どもたちについての事実を知ることができず、それぞれがよくも悪くも想像をめぐらし、担任に対して不信感を持ったのだろう。これが現実なのだ。仕切り直しをしようと思った。

❈親たちを安心させた子どもたちの劇

一学期の終わりに子どもたちと「まとめの会」をすることになっていたので、ここはひとつアピールをしようと、大々的に親に参観を呼びかけた。当日は二、三人の欠席はあったが、ほとんどの親が参観した。子どもたちがどんな様子なのか、子どもたちが攻撃的な関係になってはいないか確かめたかったからだろう。

子どもたちは「スイミー」の劇を班で、場面ごとに話をふくらませ、自分たちで創作した内容を加えて演じた。愛子をはじめ、ユミも、ナミも、一年生のとき、拒食症であった真紀も、どの子も伸び伸び劇を上演した。

子どもたちの元気な姿を見て、親たちはずいぶんと安心した様子でニコニコしながら帰って行った。帰り際に愛子の母親が言った。

「安心しました。楽しそうにみんなとやっている姿を見て、涙が出ました」

尚子の母親もあとで、

「見せてもらってよかったです。親たちも安心したと思います」と報告してくれた。

❇親たちの変化、子どもたちの変化

二学期の保護者会で、私は、改めて一学期の事情を話した。

愛子の話をし、それから子ども同士がお互いをわかり合うためには「いやなことはいやだ」と言うことが大切であること、それがないと恨みになり、陰で悪口を言ったり、意地悪をしたりしてしまうこと。また互いに注意をし合い、支え合うことで子どもの関係がつくられること。そして、それには保護者同士もわかり合い、支え合う関係をつくりたい。保護者同士がわかり合い、協力し合うことが子どもたちを育てていくことになると話した。

親たちは了解してくれたようだった。

そして、二学期からの親たちの、クラスや学年への協力はこれまでと一転して、何か行事などがあるたびに迅速な行動力を示してくれるようになった。一学期、愛子のことで学級会を開き、子どもたちがすっきりしたように、親たちの間でも、一学期のまとめの会で子どもたちが伸びやかに生活をしていたこと、また私から、一学期の出来事を率直に話したことで、陰口やうわさになっていたことの誤解が解け、今までのことが吹っ切れたのではないかと感じた。

運動会の行事では、出番の直前に荒馬踊りの衣装を着せるのに、何人もの親が手伝ってくれた。さらに私は親たちに、積極的に子どもと関わってほしい、担任にはない専門性のある力や技術を子どもたちのために生かして、一緒に授業にも参加してほしいと話した。

親たちは学級の中で、積極的に子どもたちのために活動をしてくれるようになった。

三学期になり、リカの母親は子どもたちに少林寺拳法を教えに来てくれた。タカシの母親はリズム縄跳びを教えてくれた。英憲の母親は英語を教えてくれた。

学級の中では、子どもたちの相互批判の力が次第に質を上げていた。そして、誰には言いにくいということなく、気楽に言いたいことを言い合える学級になっていった。

愛子も時々洋子をいじめたり、今までの癖が出て文句を言われて、

「あの、ついやっちゃいました。ゴメンナサイ」

と明るく謝れるようになった。洋子や尚子に対しても、子どもたちは、

「愛子ちゃんに言われたからって、なんで言うことを聞くんですか。人間は自分のことは自分で決めるんだよ」

そんな話もできるクラスになった。

親たちの回覧ノートも親同士の交流を広げた。

当初は親同士も互いがわからないことで不安を持ち、疑心暗鬼になり、うわさがうわさを呼び、困った子の陰口が広まっていった。そして問題にされている親の行き場のない思いが、子ども同士の関係も歪めていったのだ。子ども同士が風通しのよい関係になった。それが親たちの関係にも表れたのだ。

❇「先生、わたし、さみしかった……」

三月、学年で「二年生終わりの会」をやった。学芸会のとき、オーディションに落ちた愛子とナミは、「ぞうのたまごのたまごやき」の王様と隊長の役になって、劇の一場面を再現した。二人ともなかなかの役者だけに、演技をすることができて大満足だった。ナミも愛子も対等な関係になったなと思った。

給食を食べながら、冬美と愛子が言った。

「先生、私たち今、してほしいことが一緒なんだよ。自分のことをねえ、うーんと大げさに誉めてほしいの」

そう言ってうなずき合ってニコニコしていた。

私は、愛子も冬美も自分をこんなふうに客観的に見ることができ、お互いに共感し合うことができるほどに成長してきたことが嬉しかった。

すっかり顔つきも変わり、冬美に言わせると、「別人のよう」になった愛子に、もう聞いてもいいかなと思い、

「愛ちゃん、もう一年生の頃のこと、忘れちゃった？」

と聞いた。愛子はきっぱり、

「覚えている」と答えた。

「一年生のとき、どんな気持ちだったの？」

と聞く私に、愛子はしばらく考えて言った。

「先生、わたし、さみしかった……」

人と人とのコミュニケーションが苦手なのが子どもであり、まして一年生はそれがあたりまえだろう。しかし、わがまま、気ままと受け取られた愛子は、人と交わる指導をして

もらえなかったばかりか、母親も他の親たちから理解されずに、親子共々、行き場のない寂しさを感じていたのだろう。

実践❸

ユキコの小さな翼

――家族の崩壊から家族の再生へ

DVや虐待は社会の矛盾の渦を家族の中に表出している。虐待される子どもも、虐待してしまう養育者も、そしてDVを繰り返してしまう男性も、苦しみもがきながら生きている人々なのではないか……。ユキコに出会い、父母に出会い、私はそうしたことに気づかされた。

1 ユキコの自立を支えて

❇黒い影

四月、始業式。校庭は新しい生活への期待でうきうきと友達としゃべり合う子どもたちで華やいで見えた。

号令をかけられ、子どもたちが並んだ。私は自分が受け持つことになる三年生の子どもたちを遠くの方から見ていた。春らしい明るい光は、子どもたち一人一人を燦々《さんさん》と照らしていた。しかしその中に黒く影のように見えるものがあった。まさかと思いながらよく見ると、黒い影に見えたのは、一番の前に立っていたひとりの少女だった。ひとつ後ろの子に比べ、頭ひとつ小さい小柄な少女だった。他の子どもたちが顔を上げ、口々に何かしゃべり合ったり、絶え間なく動いたりしているのに、その少女だけは沈みきった様子で下を向き、じっとしていた。こんなことがあるのだろうか、信じられない光景に私はドキドキした。

始業式が始まると、その少女は崩れるようにしゃがみ込んだ。養護の先生が飛んで来て、肩を抱いて少女を保健室に連れて行った。

やがて担任の発表のとき、少女は養護の先生に連れられてクラスの列に戻って来た。それがユキコだった。

担任の指名があった。私は子どもたちの前に進み、礼をすると、しゃがみ込んでユキコを抱きしめた。しかしユキコの体はなんの反応もなく、軟らかい丸太のようだった。何とも不憫に思え、私はユキコを抱きしめながら、

「大丈夫だからね。安心して。先生と一緒にやっていこう」

私はユキコにそう話しかけた。

✻赤のボールペンで書かれた母からの伝言

その日の昼、子どもたちが下校し、ずいぶん経った頃、ユキコがすうっと職員室に一枚の紙を持って入ってきた。担任の私にではなく、教頭先生にその紙を渡した。

教頭先生から受け取った紙は、学級指導で渡した学年便りだった。そのプリントに赤いボールペンで、

《教科書はいつ配るんですか？　ノートはどうなるんですか。意味がわかりません。母》

と書いてあった。

ユキコは二年生のとき転校してきた。転校してきた一年間、ユキコの父親は、しばしば怒鳴って学校に電話をしてきたことがあったと聞いていた。赤のボールペンの文字から、母親も学校へ不信感を持っていることがうかがえた。

わかりにくい学年便りであったことを詫び、教科書は明日配ること、そしてまたわからないことがあったら、連絡をしてほしいことを丁寧に手紙に書き、ユキコに持たせた。

ユキコへの虐待と、ＤＶがあると伝え聞いているユキコの家族はどんな家族なのだろう

かと思った。

❇「先生はあなたの味方だよ！」

翌日、教室での指導が始まった。

「どこでもいいから今日は座って」と言う私の指示に二人、座れない子がいた。その一人がユキコだった。教室の後ろの方で私の様子をおどおどとうかがうユキコがいた。

ユキコは自分で動くことができなかった。立ちすくむことしかできない。それでも私は言った。

「自分で決めなさい」

そう促すと、ユキコはおずおずと、空いている席に着いた。

「えらかったね。自分で決められたね。それでいいんだよ」

私はユキコにそう言葉をかけた。ユキコは何の反応もなかった。ユキコが自分の口で話すことができること、自分のことを自分で決めていかれること、そしてユキコが自分の足で歩くことができるようにすること、そうすることがユキコを助けることになる、私はそのとき、そう思った。

ユキコにはまず、世の中にはユキコに危害を加えない味方もいること、ユキコの存在を無条件に受け入れる他者がいることを知らせることが必要だった。ユキコが安心できる存在が必要なのだ。まずは私がその役を引き受けようと思った。そこで、私は毎朝ユキコが登校すると、

「ユキコさん、おはよう」とユキコのそばに行き、必ず声をかけ、彼女を抱きしめた。

そして、

「先生はあなたの味方だよ。大好きだよ」と言った。

帰りには、

「ユキコさん、さようなら。また明日ね。待っているからね。先生はユキコさんが大好きだよ、あなたの味方だよ」と声をかけた。

ユキコは、私のそんな行動を初めは警戒しているようだった。抱きしめたユキコの体は硬直し、ユキコはぎこちない表情をしていた。しかし、毎日毎日抱きしめるたびに、ユキコの体が少しずつ少しずつ弛《ゆる》んでいくのを私は感じた。

❇「とってもいい先生なんです」

子どもたちに昨年の「児童環境調査表」を返し、訂正して提出するよう連絡してあったが、四月半ばになっても、ユキコの「児童環境調査表」は提出されていなかった。私は提

出してくれるよう丁重に手紙を書いた。

その日の放課後、母親はユキコの手を邪険に引っぱって学校にやって来て、ユキコの机の中に入りっぱなしだった「児童環境調査表」を探し出して帰って行ったと翌日、同僚から聞いた。

次の日の放課後、ユキコの母親は「児童環境調査表」を手にやって来た。母親は二〇代と聞いていたが、生活に疲れた様子でふけて見えた。

「先生、すみません。ずっとユキコの机の中に入っていたんです。あの子、大丈夫ですか。みんなについていっていますか。入学のとき、養護学校に入れたほうがいいんじゃないかって思ったりしたんです」と母親は話した。

「わざわざ、持って来てくださってすみません。明日ユキコさんに持たせてくだされば いいのに……」と言う私に、

「いても立ってもいられなくて……」と母親は話した。

ユキコの口が重いこと、おどおどしていること、勉強ができないことが母親にとっても気がかりなことを、またしゃべった。

「ユキコ、ちゃんとやっているんでしょうか?」と言う母に、

「お母さん、なに言っているの。ユキコさんは普通学級でやっていける子よ。安心して

ください、大丈夫ですよ」

と私は言った。すると、母親はこんな話をした。

「四月から、喜んで学校に行くようになったんです。去年まで、行きたがらなくて困っていたんです」

ちょうどそこを通りかかった教頭先生に、ユキコの母親はあいさつし、こう言った。

「今関先生は、本当にいい先生でよかったです」

私はユキコを担任してわずか一〇日の間にユキコの母親に受け入れられたようだった。

その後、母親は自分には持病があること、去年は夫が病気になって働けなくなったので、自分が昼も夜も働き、とうとう倒れたことなど、苦労話をして帰って行った。

「うるさい親、ろくに子育てもしていないのに文句ばかり言う親」と思われてきたユキコの母親は、学校のそんな視線を感じていたに違いない。赤いボールペンで書かれた苦情に丁寧に返事を書いただけで、こんなに心を開いてきたのだ。誰かに自分のことを理解してほしい、わかってほしいと願ってきただろう切ない母親の思いが痛いほど伝わってきた。

❇間違っても手を挙げ続けるユキコ

抱きしめたユキコの体が少し弛んできた頃、ある朝、ユキコは自分から私のところにやって来て言った。

「和子先生、おはようございます」

ユキコが自分から私のところに来たこと、しかも「今関先生」ではなく、「和子先生」と私を呼んだことにびっくりした。

変化はまだあった。ユキコは笑わない子だった。ユキコが笑った顔は見たことがなかったが、いつもニコニコとユキコに笑顔を向ける私に、ユキコも笑顔を向けようとしたのだろう。頬を歪ませ、笑おうとしているような不思議な表情を返すようになった。

もっとびっくりしたことが起きた。ユキコは学力がかなり低かった。そのせいだろう、授業が始まってもできるだけ目立たないようにからだを小さくして、下を向いていた。

そんなある日、ユキコが手を挙げた。私が、「失敗は成功のもと。手を挙げて発言しよう」とクラスの子どもたちへ声をかけていたのを、ユキコも受け止めたのだった。

しかし、私の発問の意味がわかっているだろうか？　指名して答えが間違っていて、かえってユキコが自信をなくしてしまうのではないか？　私は指名するのを迷ったが、ユキコが胸を張って手を挙げているので、思い切ってユキコを指名した。

「アリの行列です」

ユキコははっきり答えた。ユキコの答えは、やはり発問の意図とは全くずれていて間違っていた。しかしユキコの意気込みは充分伝わってきた。

「えらいね、ユキコさんは。自分から手を挙げてがんばろうとしている。そこがいいね。先生はそういうのが好きだ」

ユキコの答えが、あまりにも的外れだったので、私は一生懸命ユキコをほめた。しかしいくらほめても間違っていたので、もう手を挙げることはないかも知れないと思ったが、その後もユキコは手を挙げ続け、堂々と間違った答えを発言し続けた。

ユキコが私に認めてもらおうと思っていること、居すくまってばかりであったユキコが立ち上がり歩き出そうとしていることが、驚きであり、うれしかった。

ユキコはやがて、私に、遊んだこと、出かけたことをしゃべりに来るようにもなっていった。伝えたい連絡も短い言葉だったが、言いに来るようになった。私はそのたびにほめ、ユキコを抱きしめた。

外遊びもするようになり、血色もよくなってきた。ユキコは懸命に自分で行動し始めた。去年までのユキコを知っている人はその変化に驚いていた。

ユキコは四月に、児童相談所に検査入所することになっていた。ユキコの両親には、発達の遅れがないかどうか調べるという理由だったが、本当の理由は虐待があるかどうかを検査するためだった。しかし、四月以降、ユキコが明るくなり、よい方向に向かっているので、児童相談所はしばらく学校での生活を大切にして、ユキコの様子を見るという判断をした。そして検査は七月に延期することになった。

❇虐待の傷痕

ユキコは、その日、腕に一〇センチほどの大きな布を当ててきた。母からの連絡帳には、「熱湯の出るお風呂の蛇口に間違って触ってしまい腕にやけどをしてしまいました」と書かれていた。ユキコを呼んで、

「痛かったでしょ。どうしたの?」

と聞くとユキコは、「わかんない」と答えた。大きな布は真ん中を一箇所だけ、紙絆創膏で止めてあっただけだった。布をとると、直径二センチぐらいの円状に皮膚が赤くなり、中心の部分は黒くなっていた。傷の大きさとはあまりに不似合いな布だった。円状の傷はタバコを押しつけた痕に違いなかった。

保健室に連れて行った。養護の先生に、事情を聞いてもらうが、ユキコはやはり「わかんない」を繰り返したそうだ。帰りがけ私は、ユキコに、

「ユキコさんは少しも悪くはないよ。先生はあなたの味方だから、困ったことは言っていいんだよ。いつでも先生はあなたの味方になるよ」

何度も何度もそう言ってユキコを抱きしめた。ユキコが可哀想でたまらなかった。

それからまた、しばらくした月曜日のことだった。ユキコは、朝から落ち着かない様子で、おどおどとおびえていた。ユキコを抱き寄せると、頬には、つねられたらしい赤いあざがあった。

「どうしたの？　ほっぺたが赤くなってるよ。痛いでしょ」

ユキコはやはり首をひねり、「わかんない」と言った。

養護の先生に連絡を取り、保健室でゆっくりユキコに聞いてもらうことにした。ユキコは今度は話すことができた。

漢字の宿題をしているとき、父親が怒って、鉛筆を折った。それからユキコの頬をつねった。ユキコは泣いた、ということだった。

ユキコの宿題の漢字ノートには、ノート一冊使い終わるまで、漢字が書き込まれていた。漢字の量から考えると、ユキコは土曜日も日曜日も、父親におびえながら漢字を書いていたに違いなかった。ユキコが不憫でならなかった。後でわかったことだが、この頃よく雨が降り続いた。雨が降ると仕事がキャンセルになる父親は、家にいることが多かった。ユキコは父親のストレスや鬱憤《うっぷん》のはけ口になっていたのだった。

❇「家には帰りたくない！」

七月になり、ユキコは一週間、児童相談所に一時検査入所をすることになった。ユキコが元気になり、日々の前向きな変化に成長の手ごたえを感じていた私は、一学期の終業式までユキコに会えなくなるのは寂しかった。児童相談所入所の前日、帰り際にユキコに言った。

「ユキコさん、先生はあなたに会えないのは寂しいよ。元気で帰ってくるんだよ。待っているからね」

そう言うと、ユキコは泣き出してしまった。悲しげにさめざめと泣くユキコを見て、なんとも切なくなってしまった。

そして一週間がたった。

終業式の日、ユキコは戻って来なかった。母親と話をした。母親は児童相談所の対応に不服そうに言った。

「ユキコを迎えに行ったら、散々待たされて挙句の果てに『ユキコちゃんは帰りたくないって言っているので、お引取りください』って言われちゃったんです。帰りには、ユキコの好きなラーメンでも食べて帰ろうと思っていたのに、がっかりでした」

母親もユキコの反応にショックを隠しきれない様子だった。児童相談所に問い合わせると、明日家に帰るという日、ユキコは床にひっくり返って泣き叫んだという。そして、

「家には帰りたくない。ママとパパのけんかがこわい！　パパがこわい！　ママがこわい！」

と職員に言ったとのことだった。寡黙なユキコの反応に、職員もびっくりしたということだった。

❇両親への説得

ユキコは児童相談所に入所したまま、夏休みに入った。ユキコは母親にも父親にも会うことを拒んでいた。児童相談所とユキコの両親の間は当然ギクシャクしていた。父親はしばしば「娘を返せ！」と脅しの電話を児童相談所に入れていた。

八月に入り、母親と話をした。母親は児童相談所がユキコに会わせてくれないと不満を言いながらも、

「私、今ユキコが戻って来ても自信ないです。『帰りたくない』って言われちゃったんで、どうしていいかわかんないです。児童相談所では一カ月しかユキコを預かれないので、施設に入れたいので、はんこを押してほしいと、そればっかり言ってくるんですよ」

と言った。私は、今の両親のユキコへの虐待には触れずに、

「ユキコさんは実の父親（ユキコの母親の前夫）からの虐待がフラッシュバックして吹き出しているに違いないから、今は親として、そのサインを受け止め、ユキコさんの気持ちを大切にし、ユキコさんが伸びやかに成長するために親として行動することが必要なのでは」と話した。


私からも児童相談所に連絡を取り、話をしに行くので、両親も児童相談所と連絡を取ってほしいことを話した。父親とも話をしたいと言うと、夫はお盆になれば休みになるというので、お盆に話をすることにした。


私は、ユキコの状況把握をするために児童相談所に行った。児童相談所でユキコの担当の渡辺さんと話をした。それによると、

「ユキコは父の暴力を恐れているが、それ以上にユキコを受け入れられない母親のことが大きな問題となっている。親としばらく離れてケアしないと、これからの人格形成にも影響を及ぼす可能性がある。今、両親の元へ返すことは身の危険がある。両親との接触が難しい状態にあるので、話が進まないので困っている」

という内容の報告を受けた。ユキコの母親はよくしゃべり、活発な感じの人だが、ユキ

コは寡黙で行動が遅く、頑固なところがある。ユキコの母にとって、ユキコは育てにくく、可愛く思えないのだろうことは十分察することができた。私はできるところで、児童相談所と両親をつなぐ役をしていくことを約束した。

八月一五日、私は父親を訪ねてユキコの家に行った。

「まるでユキコを虐待しているみたいに言われるなんて。ことによったら出るところに出てもいいと思っているんですよ。うちにはうちのやり方があるんだから」

と父親は怒って言った。そう言いながらユキコの下の四人の子どもたちをあやし、子どもをかわいがる父親の姿を私に演じて見せていた。私は、母親に話したのと同じことを父親にも話した。

「親としてはつらいことだと思いますが、ユキコさんのために百歩譲って、児童相談所と連絡を取って、今のユキコさんに一番いい方向をとっていただけませんか。児童相談所で許可が出れば、話し合いに私も同席してもかまわないですよ」と話した。

父親は、「先生が一緒に行ってくれるなら」とほっとしたように言った。

お盆明けに、再び私は児童相談所に向かった。ユキコは施設に行きたいと言っており、その意思は固いこと、一六日に父親から電話があり、話をしたいと連絡があったことを聞いた。一五日の家庭訪問の甲斐があったと思った。両親との話し合いをどう進めるか、職員の渡辺さんと打ち合わせをした。

❇「しせつにいかせてください」

二四日、両親、私、児童相談所の渡辺さんの四人で話し合いをした。渡辺さんは、

「今朝、ユキコさんにもう一度聞いてみたのですが、施設に行きたい気持ちは変わらないということでした。ご両親にも会いたくないということなので、両親にお手紙を書いて、と言って書いてもらいました」

と話し、その手紙を両親に見せた。その紙にはたどたどしい文字で、こう書かれていた。

> おとうさん、おかあさんへ
>
> しせつにいかせてください。おねがいします。
>
> ユキコ

父親も母親も声が出なかった。渡辺さんと私は、今までと同じように「ユキコの発しているサインを親として受け止めていこう」という理由でユキコの施設入所を説得し、両親の了解を得た。

その日、私は久々にユキコに会うことができた。公園で遊んでいたユキコは、私を見つけると満面の笑みを浮かべた。私は久しぶりのユキコに頬ずりし、抱きしめた。

それからまもなく、父親から、「ユキコは先生には会いたいと言っているので、もう一度、ユキコの意思を先生から聞いてもらいたい」と児童相談所に連絡があった。

私は児童相談所でユキコに会い、気持ちを確かめた。ユキコの意思は固かった。私はそう決めたユキコに言った。

「あなたが自分で決めたことを先生は応援するよ。困ったときにはいつでも相談にのるよ。いつでも先生はあなたの味方だよ」

ユキコは目にいっぱい涙をためて、私を見つめていた。

2 ユキコと母に寄り添って

❇お母さん、自分を責めないで

九月になり、私はユキコの担任ではなくなった。しかし、児童相談所と養護施設、そして両親とのパイプ役として動くことには変わりなかった。ユキコは、静岡県に住んでいるユキコの祖母と私以外には会いたくないと言っているということだった。

まもなくユキコは児童相談所から養護施設に移った。児童相談所からは私にも、環境に慣れるまで面会を控えてほしいと連絡があった。この頃母親は落ち込んだ様子だった。

「結局、こうなると、みんな私が悪いことになるんですよね。主人も私の母も『お前が悪い』って言うんですよ。なんか今思うと、ユキコとユキコのすぐ下の妹の真理子の三人で暮らしていたときが、一番気楽でよかったなあって思います」

とため息交じりに話をした。

「それはつらいでしょ。何でもお母さんのせいにされるんじゃ。でも自分が悪いなんて自分を責めてはだめよ。お母さんは、前の人（夫）とのことでも苦労して大変な中、生きてきたんじゃない。自分を責めないで。私でよければいつでも愚痴ぐらいは聞けるから」と私は言った。

母親は育てにくいユキコを、自分のイライラや夫婦の亀裂のはけ口にする悪循環を繰り返していたのだろう。ユキコが施設に行ったことで、この悪循環の中にいた自分を少しさめた思いで感じ始めているように見えた。私は、「養護施設にユキコの面会に行ったらその報告をする」という理由で、月に一回ぐらいは「愚痴を聞く相手」として話をすることを約束した。


一〇月。ユキコの母はちょっと心配な話をした。

「この前、私、一晩警察に泊まったんですよ。主人がパート先までお金をせびりに来て、その日は給料が出るって知ってて、パート先のスーパーの前で待っているんですよ。力づくでも持っていく人だから、警察に来てもらって、裏から逃げたんです。雨が続くと、やることないからパチンコやっちゃうんですよね。子どもみたいな人だから」

「大変だったのね、相変わらず苦労が多いね。体は大丈夫なの。お母さん、今のことだけ考えないで、少し長い先のことを考えていこうね。今はユキコさんに会えないけど、これから先、ユキコさんといい関係をつくれるように焦らないでいこうね。ユキコさんは優しい子だから、やがてお母さんを助けてくれる子かも知れないよ」と私は話した。

それからまもなく、施設から面会の許可が出たので、私はさっそくユキコに会いに行った。

❇ユキコの笑顔

ユキコは、寮の職員の手にぶら下がって、はにかみながら、ニコニコと嬉しそうだった。そんなのびのびしたユキコを見たのは初めてだった。

ユキコは自分の部屋に私を案内してくれた。机の中を開けて、ぬりえやシールなどを見せてくれ、押入れの中の自分の布団まで教えてくれた。そして、きちんと整頓された箪笥から、自分の洋服を広げて説明してくれた。洋服の組み合わせはどれが合うかなどと、打ち解けた間柄のように私に話しかけ、おしゃべりをした。しかし私がユキコとたわいもない話をしたのは、実はこれが初めてだったのだ。なんとも不思議な感じがした。同室の中学生がちょっと意地悪なこと、寮は楽しいけど、学校は楽しくないこと、母親には会いたくない、そんな話もした。

一一月。再びユキコに面会に行った。前回に比べ、さらに明るさを増したユキコは、自

めあて
一日一かいはっけんを
へび
風と光

分が通っている学校まで私を案内してくれた。

ユキコは友達ができたことを報告してくれ、学校には意地悪な子がいるので困っていること、サンタクロースは英語をしゃべるのかなどと聞いてきたりした。学校へ行く道々、私はユキコと手をつなぎ、たくさんおしゃべりをした。以前には見られなかったユキコの明るさが私には嬉しかった。寮から許可をもらい、近くのファミリーレストランで食事をした。ユキコは出てきた料理をパクパクと頬張っていた。食欲旺盛なユキコだった。体もしっかりし、急に大きくなったように感じた。

ユキコに面会に行った後、母親と会った。母親は父親の仕事の話をした。

「実はうちの主人、独立して親方になることになったんですよ。で、今忙しくて大変なんです」

そんな話をした後で、離婚、再婚、出産でユキコに対して心を入れられなかったこと、ユキコに一番つらい思いをさせてしまったことを思い返すように話した。それは、ユキコを愛することがうまくできないことを意識し始めた母親の姿に、私には映った。

「前のだんなとうまく行かなかったことを、ユキコちゃんにぶつけてしまうことになってしまっていたのかもしれないね」と私は受け答えた。

電話をすると、母親は必ずいつも「今すぐ行きます！」と言ってすぐに学校にやって来た。母親はたいてい生活の大変さと、ユキコについてのこれまでのことを、愚痴とも、相談ともいえない言い方で、よく話すのだった。

一二月。ユキコの母は明るい顔でやって来た。

「主人は仕事が忙しくて朝早くから出てって、夜遅くならないと帰って来ないんです。日曜日も仕事で、このごろ話す時間もなくて、おかげでケンカをするひまもなくてよかったですよ」

そんな話をした。

ユキコには、母親と祖母からクリスマスプレゼントが届いた。それぞれが、それぞれの場所で、前向きに動き始めていることを感じていた私だった。

❇せっかくここまで進んできたのだから

一月。手土産を片手に母親はやって来た。正月に家族旅行で出かけたお土産だった。そして母親は、

「親方になったら、すごく実入りがいいんですよ（月六〇万円ぐらい入るらしかった）。それで主人は、引っ越そうって言うんですよ」と言った。私は、

「だめだめ。今よくても先のことはわからないから。都営住宅は一度出たらなかなか入れないし、今は貯金をちゃんとして」と言った。

せっかくここまで進んできているのに、軽はずみな行動で事態を複雑にしてほしくないと思った。しかし母親はこんな話もした。

「今、一番下の子が大変なんですよ。疳《かん》の虫が強いっていうか、夜泣きしたりで、ユキコのことどころじゃなくて、四人で手いっぱいなんです。夜泣きがひどいんで、主人もこのごろイライラしていて、大変なんです」

楽しい正月旅行とは裏腹に、どうも穏やかな暮らしぶりでもなさそうだった。私は今後、今の夫との離婚もありうると考えていたので、今までも言ってきたことだったが、「母親が自分を大切にすること、母親が身動きとれない状態になることを避けるように」と話をした。それから母親は、お正月に初めてユキコと電話で話ができたことを嬉しそうに話した。

「すっごく元気そうで、よくしゃべるようになったんでびっくりしました」と言い、「それでお父さんとも話したら、ユキコがお父さんやお母さんに会いたいって言ったんですよ」とニコニコした。

嬉しい話だった。しかし、ユキコのことを考えると親と会うことは心配だった。父親の誘導なのではないか、私は気がかりになった。

しかし、ユキコが施設に入り四カ月が経ち、母親は次第に、今までの自分がユキコに対して拒否感を持っていたことを客観的にとらえるようになってきていた。ユキコと母親との関係が再生していく道も、考えが及ぶようになり始めていた。

しかし一方、ユキコが、お父さんやお母さんに会いたいと言ったという正月の電話は心配通りの成り行きとなった。

「ユキコは、家に帰りたがっているのに、なぜ返さないのか」と児童相談所に父親から怒りの電話がかかっていくようになったのだ。児童相談所では、ユキコの意思を確かめるために、二月には心理士が面会をすることになっているということだった。このまま家に帰したら、二度と父親はユキコを養護施設に返さないだろう。それどころかユキコはこの先どうなってしまうのだろう。今までのことが水の泡どころか、もっとひどい状態にならないだろうか、心配になった。

❇夫の暴力に耐えかねて――家族の崩壊

そんな矢先の二月初め、電話をすると母親は、「先生に会えるなら」と即刻学校に出向いて来た。しかし、やって来た母親の顔は高熱が出ているのだろう、真っ赤に膨らんでいた。具合の悪さが尋常でないことがすぐに感じとれた。

「大丈夫なの、熱があるんじゃないの?」と言う私に、「ううん、大丈夫ですよ」とさかんに打ち消し、しっかりしてみせる母親の姿に不安がよぎった。このとき、彼女はインフルエンザにかかっていたのだ。

その直後の出来事だった。ユキコの家は大騒ぎになった。母親のインフルエンザが子どもたちにもうつり、病院にも連れて行かれない状態になった。「薬を買ってきてほしい」と頼んだ母親に、父親は暴力を振るった。脱水状態になっている子どもたちと具合の悪い母親に、自分が買ってきたお寿司を無理やり口に詰め込もうとした。夫の暴力はエスカレートしていった。

母親は、夫の暴力に耐えかねて、とうとう裸足のまま、家を飛び出し、「このままでは、私は夫を殺してしまうかもしれない!」と女性センターに保護を求めた。

ユキコの家族はユキコがいなくなった後、父親と母親の抱えている問題や矛盾は、残された四人の子どもたちへの虐待と、母親への暴力に向けられていたのだった。

ユキコの母親は父親から逃げ出し、父親は母親への傷害容疑で警察に拘留されることになった。ユキコの下の四人の子どもたちは、すぐ下の真理子は児童相談所へ、その下の三人は乳児院に預けられた。

保健所、保育園、学校の関係者と、今後の対策が話し合われた。女性センター、児童相談所と連携をとり、父親の仕事先の親方が父親を説得し、わずかな期間で両親の離婚が成立した。

父親は拘置所から出所してからは、自分自身もDVの加害者であったという親方に引き取られた。父親は親方の家に身を寄せることになった。父親にも援助者が現れたのは不幸中の幸いだった。暴力的にしか自分を表現できず、結果的に周りの人間を悲しませてしまう、父親の辛さにも心が痛んだ。

❈母親も虐待を受けていた

三月末、女性センターを出た母親に、久しぶりに会うことになった。母親は今までに見たことのないような若々しい姿だった。

「びっくりした。やっぱり二〇代の女性だー」と驚いてみせる私に、「そうですか」と嬉しそうだった。

お昼を食べながら、この間のことを話した。

「大変だったのね」と言う私に、母親は、

「本当にこんなことが起きたのか、今でも本当のことだったのかって自分でもわからないですよ。あのとき（家を出たとき）私が夫を包丁で刺そうとしたんです。殺そうとして。取られちゃったんですけどね。このままじゃ、私が殺すか、殺されるかと思いました。シェルターに着いて、いろいろ聞き取りがあって（事件なので警察官にも被害者として取り調べられている）、その後、ベッドに寝たまま起きられなくなっちゃったんです……。一週間眠り続けました。これからＰＴＳＤの治療が始まるんです。実は、私も子どものとき、母親から虐待を受けていて、そのＰＴＳＤもあると言われました。二〇数年間のＰＴＳＤの治療になるんだそうです」

母親は、ＤＶとＰＴＳＤ、アルコール依存症の治療を始めることになった。母親はアルコール漬けになることで、辛さをしのいでいたのだった。家を出たいために結婚をしたこと、離婚してまた同じことを繰り返すことになってしまったこと、そして自分の母親への不満を噴き出すように話した。

以前にも、自分は子どもの頃、母親がろくにご飯をつくってくれなかったので、結婚してから料理を知らないことでびっくりされたなど、ぽつぽつと話をしていたことを私は思い出した。しかし、虐待であったことにまで思いが及ばなかった。

私は、母親の、実母への愚痴をたくさん聞いた。

「もう、うちの母との縁は切れてしまうかもしれない」とまで言う母親だった。

「今度こそ、自分をうんと大切にしてね。『いいや、自分が我慢すれば』なんて思ってはだめよ。自分を大切にできないと、他人も大切にできないから。ユキコちゃんは施設でがんばっているからお母さんは治療をがんばって。六人で暮らせる日が早く来るように」と私は話をした。

別れ際、「がんばってね」と声をかけたとき、振り向いた母親の顔とユキコの顔がダブって見えた。そのとき初めて、ユキコと母親の顔が似ていることに私は気づいた。

まもなく施設で母親はユキコとの面会がかなった。母親との関係がそこまで改善できたことが嬉しかった。

やがて、母親はユキコのすぐ下の真理子を家に引き取ることができた。そして、その下の三人の子どもたちには週に一度、乳児院へ面会に行くことになっていた。

❇ゆっくりと歩き出そうね——家族の再生へ

六月、母親に会うと、いつものように自分の生活の大変さをよくしゃべったあと、「面会に行ったらユキコが、いつ家に帰れるのかって言うんですよ。連れて帰ってくれって言うんです」と嬉しそうに言った。

「そんなこと言うんだ。よかったね」と私は答えた。

「でも焦らないこと。また同じ失敗を繰り返さないように、慎重にね。お母さんがいい条件になって、ユキコさんをしっかり受け止められるようになってからね」とつけ足した。ユキコの母はうなずきながら聞いていた。


八月の末、ユキコは、持病の手術をすることになった。病院にお見舞いに行くと、母親にも会えた。母親は日々の子育ての大変さをいつものようにしゃべった後、また、

「ユキコがいつ家に帰るのかって言うんです」と言った。

「ユキコさんのことは、あせることはないと思うよ。あの施設は職員さんもいい人たちだし、お母さんも今は四人の子どもたちで精いっぱいなのだから、ユキコさんは施設の人に育ててもらえばいいよ。いつも子どものそばにいることばかりがよいことでもないと思うよ。今は適度な距離をとりながら、将来ユキコさんといい関係になれるようにしていこう」と話すと、

「そうですね、今の家に帰って来たら、真理子は口がきついし、その下の三人もすごいんですよ。だからユキコはどうしていいかわからなくなっちゃうと思うんですよ」と言った。

ユキコの母は私に話すことで、ユキコに関われない自分を納得させているように思えた。

私も、今ユキコが家に戻るのは無理だと考えていた。

手術の日、私は親戚の一人のように母親と祖母と一緒に、手術室の入り口までユキコを見送った。

❇生きづらさに向き合うということ

手術後、数日経って、私はまたユキコを見舞った。

帰り際、ユキコは私をエレベーターのところまで送ってくれた。施設は楽しいというユキコに、

「母さんは母さんでがんばっているから、ユキコさんはホームでがんばるんだよ」と話した。「さよなら」と手を振り、病室に戻りかけたユキコが、廊下の柱から首だけ出して大きな声で言った。

「ねえ、今度はいつ来る?」

「そうだね、九月の末か、一〇月かな」

そう答えると、

「わかった!」

と元気に答えた。まるで親戚の叔母さんにでも言うようなユキコのしゃべり方がおかしくもあり、可愛かった。

今、ユキコの家族は再生に向け動き始めている。そう簡単にはいかないだろう。また失敗を繰り返すかも知れない。しかし、そうであったとしてもまた、その失敗から歩いていけばよいのだ。育ち始めたユキコが、小さな翼で羽ばたき始めたように、二八歳にして初めて母親も自分の人生を探して歩き始めた。そんな母親とユキコにこれからも寄り添っていこうと思う。

ユキコの家族に出会うことで、私自身も自分の存在の重さを感じた。必要とされること、役に立てることは私自身の喜びであることを感じた。自分が生きていることの意味を改めて考えることができた。

実践❹

つながりたい思いを一つに
――いがみ合いから共同へ

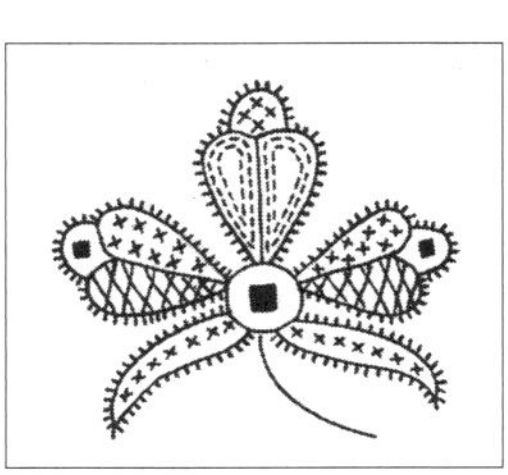

学級崩壊をきっかけに、子どものトラブルだけでなく、保護者の学校への不信と批判、そして、保護者同士のいがみ合いに発展しているという話は、最近よく聞くことである。私の出会った子どもたちと、その保護者もそうであった。しかし、保護者の本当の願いは「いがみ合いたい」のではない。「つながっていきたい」思いを強く持っている……。

❇学級崩壊から保護者の対立へ

二年生の三クラスはどのクラスも大なり小なりの授業不成立で、教室飛出しもあり、大変だった。二年生のフロアはいつも騒然としていた。とりわけ二組が大騒ぎになった。教室は騒然とし、スラム街のようだった。床は汚れ、ゴミだらけだった。教室の後ろの方では床に寝転がって遊ぶ男の子たちがいた。席についている子どもたちも後ろを向いたり、てんでにおしゃべりをしていた。

そんな中で、担任は透き通るような小さな声で淡々と授業をしていた。四、五人の真面目そうな女の子が騒音の中にもかかわらず、手をまっすぐに挙げ、授業を受けている姿は異様だった。

学級経営補助員が入り、校内の教員も補教体制をとり、二組の補助に入った。私も補助に入ることがあった。しかし、崩壊は収まるはずもなく、親たちからは担任、学校へ抗議が殺到した。そこで管理職は「親たちの学級への援助」をお願いすることを決め、親のボランティアを募集した。

しかしこれが大変な結果を招いた。援助に入った親たちは、暴れている子どもたちに優しく声をかける人もいたが、あまりのひどさに目を吊り上げて子どもを叱る人もいた。やがて、補助をしている親や、学校に批判的な親から、「問題」を起こしている子どもの親の元への攻撃が始まった。

「お宅ではちゃんと子どもにしつけをしているのか」と怒鳴り声の電話が入ったり、家まで押しかけ、

「お宅の子どものせいでクラスはめちゃくちゃになっている。どうしてくれるんだ」と

問い詰めることにまでなってしまった。

慌てた管理職は親の援助を「クラスは落ち着いてきた」という名目で打ち切ったが、親たちは学級の様子をしっかりと見てしまったのだった。学校への不信と批判、親同士のいがみあいが深まって二年生は終わった。

❇三年生の担任になってへとへとな毎日

四月、私はその学年を三年生で受け持つことになった。その中には「お宅の子どもが悪い」と文句を言われてきた無気力でぐずぐずしている小次郎、ＡＤＨＤの雅人や茂など、発達障害傾向の子どもが何人もいた。

親の中には、学校に批判的（担任や管理職からは「うるさい親」）だったと言われていた山口さん、宮田さん、渡辺さん、里内さんなどがいた。

始業式の次の日から、廊下には、宮田さん、里内さんが立って教室の様子を心配そうに見ていた。校内の「安全ボランテイア」の巡回という名目で様子を見に来る親もいた。

一年生から騒いでいた子どもたちの指導は一筋縄ではいかないことは当然だった。そんな状態の中で、今年はどうなるのかと心配な思いで親たちが来校し、廊下でうろうろしていることは、担任としては大変苦痛だった。それで、

「担任は全精力を注いで指導しているので、とりあえず学校のことは任せてほしいので、様子を見に来ることは遠慮してほしい」とお願いし、来校は見合わせてもらった。

私は声を枯らして〈学校での生活のしかた〉を知らない子どもたちに基本的なしつけを始めた。休み時間になると起きるいざこざ、そのたびに喧騒状態で教室に戻って来る子どもたちのトラブルを解決するため、三時間目は授業どころではなく、へとへとになる毎日であった。

❇「問題」とされてきた親たちの辛さを知る

家庭訪問があった。小次郎と雅人の家では、一、二年のとき、親として自分が追い詰められたこと、一生懸命やっているつもりなのに責められ、苦情を言われ辛かった話を山ほど聞いた。小次郎の母親は、

「電話で、『あなたの家では子どもをどうやってしつけているのですか？　学校でのあの態度はなに？』なんて言われて……。小次郎はお勉強にはなかなか興味を持てない子なんですけど、だからって、それが家のしつけの悪さだと言われると、本当にそうなのかと、親として子育てに自信が持てなくなりました」と話した。

さらに、雅人の母親は、

「家までやって来て、『お宅のお子さんのせいで、クラスがめちゃくちゃになってしまいました。どうしてくれるんですか』と怒鳴り散らされて、自分が情けなくなりました」と話した。

「問題」とされてしまう子どもを持った親と子どもの辛さが伝わってきた。小次郎の母親も雅人の両親も「批判ばかりしないで、みんなで子どもを育ててほしい」と話した。攻撃する親への批判的な思いを持っていることを感じた。

小次郎の母親も雅人の両親も、私が非難されてきた親の思いをわかってくれると思ったのだろう、私を好意的に受け止めてくれた。そして私の取り組むことには協力したいと話した。小次郎の親も雅人の親も保育所では様々な活動をしてきた人なので、親も子どももわかり合えるために、親子で出かけたり、たまには飲み会などもやがてできたらいい、そんなことも話題になった。

私は、「問題」とされてきた親や子どもたちに寄り添うことが必要だと感じた。

❇子どもたちと約束した合言葉

連休明け、社会科で地域めぐりをすることになっていたが、外に連れ出したらどうなるやら見通しがなかった。仕方なく、親のボランティアをお願いすることにした。

その日、雅人は廊下でいじけていた。ボランティアに来た山口さんが、前年度の流れで雅人に声をかけていた。雅人はますますいじけてしまった。いやな予感がした。

地域めぐりに出かけると大騒ぎになった。大介は大声で「犬のおまわりさん」を歌いだし、章は叫び始め、子どもたちはてんで勝手に騒ぎ出し、二年生のときのような状態に戻ってしまった。親たちが来たことで、子どもたちは前の自分に戻ってしまった。フラッシュバックが起きてしまったのだ。学校に戻って来たときには、私はくたくただった。

地域めぐりが終わり、子どもたちに話した。

「次にお家の人が来たら、前みたいに授業中に騒いでいたり、立ち歩いたり、先生の話を聞かないのではなくて、一生懸命勉強しているカッコいいところを見せて、お家の人たちをびっくりさせようよ。『私たちは生まれ変わったんだよ。新しい自分になったんだよ』って驚かせようよ！」

そう話すと、子どもたちは目を輝かせた。どの子だってふざけている姿がよいことだなどとは思っていないのだ。どの子も成長したいという強い思いがあることを子どもたちの瞳から私は確信した。それから子どもたちは「生まれ変わった自分」を合言葉に進んでいくことになった。

この学校では全校的に保護者による読み聞かせを行っていた。山口さんはクラスの読み聞かせのまとめ役を自分から引き受けてくれた。従ってたびたび学校に来ることになる。そこで、地域めぐりでの子どもたちのフラッシュバックと、子どもたちと決めたこれからの合言葉について話した。そして、山口さんにも読み聞かせのとき、「指導者」として子どもの前に立ってほしいとお願いした。「今までのぐずぐずした姿ではない、しっかり生活している姿を見せてほしい」という要求を子どもたちにぶつけてほしいと話した。

山口さんは「わかりました」とはっきりと言った。私の意図を汲み取ってくれた気がした。学校からするとうるさい、困った親として引き継がれた山口さんだが、私は彼女と話すたびに「子どもを学校でしっかり教育してほしい」という当然の願いを持つ親であることを日増しに感じるようになった。

ある日、山口さんが読み聞かせにきたとき、子どもたちはどうにも落ち着かなかった。それで私は、

「すみません、ちょっと狼のような状態ですので、よろしく」

と言うと、山口さんは、

「では、羊にしましょう」

と笑って答えた。山口さんは教師と共に子どもを育てていこうとする姿勢を持っていると感じた。

山口さんは知的な人で「子育ては親がしっかりすべきだ」と考えている。そして自分の考えも持っている人だからこそ、二年生のとき、学校や「問題」の子どもや親への批判をしたのだろうと思った。山口さんとは読み聞かせを通して、共同していきたいと私は思った。

❇親同士の対話から共同の子育てへ

六月に授業参観があった。子どもたちはそれなりに落ち着いてきていた。子どもたちの合言葉「私たちは生まれ変わった自分になった」姿を見せることができた。多くの保護者に子どもたちの変化を見てもらうことができた。

七月、保護者会では、授業参観で子どもたちが「ちゃんと席についている」「話を聞いている」ことで親たちは安心したということだった。親との共同はこれからが本番だった。

そんなとき、小次郎の母親がやって来て言った。

「先生、飲み会をやりたいです。何人集まるかわからないけど、親がわかり合えないと。私が音頭をとります」

私はもちろん賛成だった。

何人集まるかと思った飲み会はクラスの半数の二〇人近くの親が集まった。本当はつながりたい、わかり合いたいと思っている親の思いが見えた気がした。

二学期になり、学級の役員さんが音頭をとって休みの日、近くの公園に親子で遊びに行った。その集まりの中心になっていたのは役員さんと小次郎の母親と、雅人の両親だった。

学級の活動への親の参加、数人の親子でのお楽しみの集まりも始まっていた。雅人と章の家族とのお楽しみ会、雅人と登校渋り気味の麻衣の家族とのお楽しみ会など、私の知らないところで交わりが生まれてきていた。親たちは子育ての互いのしんどさを分かち合い励まし合う関係をつくり出し始めた。

一〇月の個人面談で山口さんは言った。

「うちの子が『今日は雅人さんが手を挙げたんだよ』ってすごく嬉しそうに言うんですよ。子どもってすごいですね」

山口さんは読み聞かせに来て子どもに関わる中で、子どもたちへの見方を大きく変えていた。今までいがみ合い、バラバラにされてきた者同士がつながり合い、共同して子どもたちを育てる動きが始まってきていた。

❇実現した「命の誕生」の授業

伊藤麻衣は去年の二年二組で、騒然とした中で手をまっすぐに挙げ、授業を受けていた真面目な女の子の一人だった。母の伊藤さんは助産師だった。過剰適応気味の麻衣は、連休明けから登校渋りを始めた。それで私は、伊藤さんとはたびたび話をすることになった。

「子育てって、うまくいかないこともあるから、ぼちぼちやっていきましょう」

伊藤さんが気楽になるようにそんな話をした。ちょうどその頃、伊藤さんは妊娠していることがわかった。そこで私は「命の誕生」の授業に参加して一緒にやってもらえないかとお願いした。伊藤さんは「前からやってみたかったんです」と引き受けてくれた。

授業をどう組み立てるかの相談をしているとき、

「今、子宮頸がんで子宮を全摘出になってしまう若い女の子がかなりいるんですよ」

と伊藤さんは話した。私は、

「性についての正しい知識を教えたいけれど、東京では性教育はほとんどできなくなっているんです」

と数年前の[注]七尾養護学校で起きた事件と、その後の経過について話した。

「じゃあ、どこで子どもは正しい知識を習うんですか？」

と伊藤さんは驚いて言った。

「学校ではできないんです。性についての正しい知識を学ぶ場はないんです。だからとても心配です。伊藤さんがやったらどうですか？」

と私は言った。伊藤さんは、

「やったことがないから自信はないけど勉強します。まかせてください。やがてフリーになって地域でそんなことをしたいと思っているんです」

と答えた。私は頼もしい同志ができたと思った。

一一月の終わり、臨月に近くなった伊藤さんは大きなお腹を抱えて授業をしに来てくれた。ドップラーという機械で赤ちゃんの心音も聞かせてくれた。

❇伊藤さんの「性教育講座」――保護者との共同

学校で自由に性教育ができなくなっている今、私は伊藤さんとの話を何とか現実のものにしたいと思った。

一二月の末、クラスの飲み会がまた開かれた。一回目に比べて、和気藹々《あいあい》とした雰囲気が出来上がっていた。私は一一月の伊藤さんの授業に触れながら、親たちに性教育の話をした。性についての間違った情報、テレビの悪影響などで話は盛り上がった。エイズのことも話題になった。親たちが性について真剣に考えていることがわかった。

そこで私は、東京の学校ではいま自由に性教育ができないこと、かつてのように教えることはしてはならないと命じられていることを話した。親たちは深刻な顔をした。

「いま子どもたちに正しい知識を身につけさせなければ、大変なことになりますよね。みなさんが主催して、伊藤さんに授業をしてもらったらどうですか」

と私は切り出した。伊藤さんは明るく、

「まかせてくださーい」

と言った。場所は、学校の外で探さなければならない。すると、渡辺さんが言った。

「やりましょうよ。先生に絶対迷惑はかけませんから。私、場所取りしますよ」

二年生まではいがみ合ってきた親たちは、子どもたちの子育てで合意することができた。早速、私は伊藤さんと授業内容の打ち合わせをした。そして、二月の日曜日、第一回目の「伊藤さんの性教育講座」が親子参加で区民館で行われた。

二、三日して、山口さんと渡辺さんが報告にやって来た。

「先生、よかったですよ。ずばり教えてくれました。やっぱり小さいうちに知識として教えることは大事ですね。私たちも勉強になりました。本当は私たちも知らないことがいっぱいあるんですよね」と渡辺さんは話した。

「子どもたちを知的に育てたいですよね。文化人にしなくちゃ。これからも続けていくといいですね」

と私は言った。その言葉に山口さんは大きくうなずいていた。

❇親の要求をどう受け止めるのか

親とのトラブルがあちこちで言われている。教師も学校も積極的な方針を持てずに親への対応が守りの姿勢になっている。それが「うるさい親」「困った親」というとらえになっているのではないか。

親の学校不信・攻撃は、歪んだ形での学校への期待ではないか。子育ては困難を極め、教師も追い詰められ苦しんでいる。互いに傷を負った者同士が手をつなぐことで、今までと違った新たな可能性がそこに開ける。

雅人や小次郎の親たちが、自分の子どもの子育てへの苦悩ゆえに、〈共同の子育て〉を切り開いてきたことや、学校ではできなくなってしまったことを地域で興していく可能性が新たに見えてくる。

苦しい中だからこそ〈新しい共同の道〉〈共同をつくり出すチャンス〉を秘めていると思えてならない。

〔注〕七生養護学校事件＝知的障害の子どもたちが通学する都立七生養護学校（現七生特別支援学校）では、子どもたちが性に対する無知から様々な被害・問題に遭うことを考慮し、以前から発達段階に

応じた性教育が行われてきていた。その教材は、具体的でわかりやすいように、「性器付き人形」であったり、体の各部位の名称を歌詞にした「からだうた」（性器の名称もその中で教えた）であったり、精通を教える「箱ペニス」など、工夫がこらされたもので、その実践は東京都教育庁が後援する研修でも取り上げられるなど、高く評価されてきていた。

ところが二〇〇三年七月、都議会で一部議員から「都立養護学校で過激な（不適切な）性教育が行われている」という発言がなされ、それをきっかけに都教委および都議らが新聞記者を同行して同校を訪れ、その場から性教育に使用されていた全教材を没収、「過激な性教育を行っている」とテレビ、産経新聞などで報道した。

その後、都教委は全ての盲・ろう・養護学校に監査を行った結果として、同年九月、教職員・管理職らの大量処分を断行。うち「不適切な性教育」を理由として処分したのは、七生養護学校の教職員一三名を含む二一名であった。

この事件をきっかけに都教委は翌〇四年三月「性教育の手引き」小学校編、中学校編、〇五年三月、高等学校編、盲・ろう・養護学校編を作成、都区内の全公立学校に通達した。以後、「過激な行き過ぎた性教育を行うべからず」という強い指導が入り、東京の公立学校では、それまで行われていたような自由な性教育は行えなくなった。

解説

今関実践から学ぶこと

――「つながる」ことへの希望

◉愛知教育大学教育学部教授
山田　綾

今ほど、教師が生きづらい時代はないと言われています。低学年では、学校生活に適応できない子どもたちへの対応が必要であり、子どもの人間関係のトラブルも絶えません。子どもへの対応以上に、教師が苦慮していることに保護者への対応があります。また、子どもの貧困や虐待も増加していることが指摘されています。こうした状況は、本書に収められた四つの実践記録からもみてとれます。

こうしたやっかいな事態ばかりが目につくのですが、今関実践が見せてくれているのは、こうした事態の背後で、子どもたちが孤立させられ、孤独のなかにあることです。保護者たちもまた、優勝劣敗の競争社会のなかで、子育て責任を問われ、孤独であり、不安とストレスを抱えているということです。だからこそ、トラブルを手がかりに、子どもや保護者たちをつなぐことができることを今関実践は示してもいます。

では、どうすれば、「つながり」をつくりだし、困難な事態を打開していくことができるのでしょうか。

目の前の子どもの現実から、発達課題を見極める

今関さんの取り組みで注目したいのは、以下の点です。

一つは、目の前の子どもの現実から、子どもの発達課題を的確にとらえ、指導されている点です。子どものおかれている状況に応じて、子どもが「自立」の一歩を踏み出すために取り組まれています。

学校に来られないカズヤを前に、今関さんは家庭での保護者の躾を問題にするのではなく、どうしたら課題が克服できるかを考えます。カズヤは他者との関わり方がわからないために、保護者と離れ、学校という新たな関係世界に踏み出せないのではないか。今関さんは、母親以外の他者と関わる活動のなかにカズヤを誘い入れる、という手立てをとります。

友達との関わり方がわからない愛子には出会い直しの場をつくり、虐待に晒《さら》され、自信や言葉を失っているユキコには、おとなへの信頼と意思を表現する言葉を獲得させていま

す。

二つ目に、発達課題への取り組みを通して、今関さんは「子どもの〈声〉」や「保護者の〈声〉」を聞き取っている点です。最後に、愛子は「さみしかった」と自分を振り返って語り、ユキコは「しせつにいかせてください」と表明します。カズヤは友だちと遊びたい自分を行動で表現しました。その過程で保護者も、自分の〈声〉を取り戻していきました。

子どもと保護者が自分の〈声〉を獲得していくのは、今関さんが〈声〉を聞き取ろうとしているからです。加えて、さまざまな活動で他者との出会いをつくりだしているからです。

三つ目に、子どもや保護者の「関係」を編み直している点です。

カズヤは今関さんや校長先生、仲間との関係を発見し、新たな世界に踏み出すことができました。愛子は友だちと出会い直しました。ユキコは今関さんやソーシャルワーカー、児童相談所の職員などのおとなと出会い、家族関係を編み直すための取り組みを始めました。いずれも、周りの人との関係のなかで、自分の〈声〉を獲得したのではないでしょうか。

実践は、今日、〈声〉を獲得／取り戻すためには、関係の編み直しが不可欠であること、子どもには保護者以外のおとなや仲間との関係が重要であることを示しています。

今関実践から学びたい第一の点は、子どもは「自立」へ向けて、「私」の世界をつくり、自分の考えを表明できる関係を持つ必要があるということです。そのために、おとなと子どもが関わりながらも、それぞれの世界を生きることが必要である、ということです。

ここで描かれる「自立」像は、近年、政策言語としての「自立」が意味する「公的支援にたよることなく自己責任で生活を営んでゆけること」や「他人にめんどうをかけないこと」を意味していません。むしろ他者と関わりながら生きていける姿です。

子どもや保護者のトラブルを、子どもの発達課題・社会的課題として捉え返す

しかし、こうした捉え方やそのための指導が、学校では困難になりつつあるようです。では、どうしたら可能なのでしょうか。

今関さんのユキコやカズヤへの対応は、例えば、被虐待児や軽度発達障害の子どもの課題と対応に関する、専門的で最新の知見に基づくものです。

知見に学ぶことはもちろんですが、今関実践から学びたい第二の点は、子どもや保護者のトラブルや問題について、当事者個人の問題としてだけ捉えていない点です。今関さん

は、当事者を取り巻く「関係」の問題として捉え、さらに個人の振る舞いを、社会の現実と照らし合わせて読み解いています。第Ⅱ部〔実践編〕のタイトルが、「子どもの生きづらさ、保護者の生きづらさ」となっているのは、今関さんが社会の問題としてトラブルをみている証左です。

保護者も子どもも、真空管の中で生活しているわけでありません。カズヤが学校に来られなくなったり、カズヤの母が立ちすくんでしまったり、愛子の保護者が苦悩を抱えたのはなぜか、と問うてみることが必要でしょう。そこには、目の前の子どもや保護者と関わりながら、世間で語られる「あるべき姿」や「前提」を疑う今関さんの姿があります。これが、今関実践から学びたい第三の点です。

今関さんが問うものは、何か。一つは、当然とされてきた学校文化や、「競争」と「効率」を優先させる新自由主義の教育政策です。規範を一律に守らせることや、スキルを獲得させることを優先すると、「自立」のための発達課題はみえてきません。それゆえ、今関さんは、画一的な一斉指導にカズヤを従わせようとしていませんし、カズヤに教師や親の言うことを聞く「よい子」になることを求めていません。今関さんが「親に秘密をもつ」ことで、子どもの自立と世界を立ち上げていることに注目する必要があるでしょう。

もう一つは、子育てと家族の関係について、近年の教育政策で強調される「家族の自己責任」であり、「子育ての第一義的責任は親にある」（教育再生会議）とする考え方です。今関さんは、子育ての役割と責任に関して、ある研究集会で「子どもを幸せにできるのは、家族だけではない」と語っています。日本の社会では、家族と子育ての現状とその語られ方の検討を抜きにして、保護者との関係をつくりだしていくのは困難かもしれません。

以下、この点について検討したいと思います。

子どもの貧困と子育て——子育ちの困難

子どもが育つ条件として、経済的・物質的基盤と社会的なつながりという関係的基盤が必要です。その両方が満たされず、子どもの貧困が広がっていることが指摘されています（岩川直樹、伊田広行編『貧困と学力』明石書店／2007）。

一九九〇年代後半以降、経済的に豊かな層と貧困な層へと「家計の二極化」（湯沢雍彦・宮本みち子『新版データで読む家族問題』日本放送出版協会／2008）が進行し、貧困率が急速に上昇し、子どもの経済的貧困が層として生まれています。ＯＥＣＤ（経済協力開発機構）によれば、日本の子どもの貧困率は一三・七パーセント（２００４年度調査）に及び、ＯＥＣＤ諸国の平均値を上回っているのです。

つまり、急速な貧困の拡大は、日本経団連「新時代の『日本的経営』」（1995）により推進された、正規雇用から非正規雇用への置き換えや賃金の抑制という雇用体制の問題に加え、税制改革と社会保障の切り下げという国家システムの改変によるものです。

子育て世帯は、子育て費用を何とか捻出しているものの、高度経済成長期の年功序列・終身雇用のもとで実現した子育てのための家族の経済的基盤は失われ、子どもの生活基盤を直撃しています。ひとり親家庭、特にシングルマザーの経済的困窮は深刻で、平均年収は両親がいる世帯の半分以下です。地方自治体では、就学援助費が増加の一途を辿っているといいます。

加えて、日本の教育予算は先進国のなかで最低水準にあります。このままでは、経済的な問題により、子どもの教育を受ける条件に格差が生じることは必須で、子どもたちは不平等な関係のなかで育つという経験を始めています。

問題の深さは、経済的困窮と生活不安が人間関係の「溜《ため》」（湯浅誠・河添誠編『「生きづらさ」の臨海――〝溜め〟のある社会へ』旬報社／2008）を切り崩す点にあります。

ユキコやカズヤの家庭は、特殊でも例外でもないのです。

他方で、経済的に豊かな層の子どもたちもまた、別の意味で関係性の貧困のなかにあり、保護者は子育ての困難に直面しています。愛子と洋子の例が示しているように、「ハイパーメリトクラシー」（本田由起『多元化する「能力」と日本社会』NTT出版／2005）と呼ばれる多元的能力主義競争のなかで、母親たちは生活の質を落とさないための競争に駆り立てられ、孤立のなかに身をおいているのです。時には、父親をも巻き込みながら。

しかしながら、政府は「子育ての第一義的責任は、家族や親にある」とし、改正教育基本法や食育、教育再生会議報告などで「家族の自己責任」を強調しています。

子どもは、誰が育てるのか？

ユキコ、カズヤ、愛子の事例が投げかけているのは、「子育て」という再生産労働を家族が担うべき、とした戦後日本の体制（「家族の自助原則」）を問うことです。

高度経済成長期に都市部でサラリーマン世帯が大衆化し、子ども中心の核家族が増加し、「子育て」の経済的負担と情緒的なケアを、家族と社会でどのように分担するかが問われました。「日本型福祉」により、「子育て」の社会と家庭への配分は後者に重きをおかれ、性別役割分業を前提とした標準家族モデルが形成され、子育てのケアと責任は母親に託されたのです。これは、戦前の「家」制度からの脱却という意味で、「家族の戦後体制」（落合恵美子『21世紀家族へ（新版）』有斐閣選書／1994）と呼ばれるものです。

その特徴を、育てられる子どもの側からみると、とても危ういものでした。なぜなら、「関係」と「経済」の両方の基盤が、小さな核家族という単位の、狭い人間関係のなかで担われることになったからです。良いかどうかは別にして、共同体が存在した戦前は、そのなかで子どもは育っていました。

今日、先進国のなかで日本の教育予算が最低水準であることや、雇用体制の転換が子どもの貧困にストレートにつながるのは、「家族の戦後体制」によるものです。先にみたように、新自由主義政策により、この体制を維持できる標準家族が成りたたなくなったわけですが、この体制自体の問題を踏まえれば、「家族の戦後体制」の見直しは、不可欠です。

今関実践の根底には、常に「家族の戦後体制」のなかで、子育ての責任をひとり負わされてきた母親の苦悩への理解と共感が存在しているように思います。そして、今関さんの取り組みは、次世代の育成を社会が担っていく際に、教育予算の配分とともに、教育の専門家としての教師の仕事を位置づける必要と可能性を示しています。

保護者とどのように関わるのか

今関さんの実践報告に対して、「教師が、そこまで家族に介入しなければならないのか」

「重荷だ」という感想を耳にします。なぜ、重たく感じるのでしょうか。そこには、「子育ての責任は家族にある」という前提があるのではないでしょうか。

また、今関さんは家族に介入しているのでしょうか。家族の価値観に直接踏み込まない、という点で、今関さんはむしろ家族の在り方に介入せず、尊重しつつ実践を進めています。

現代の日本社会では、学校で家族のあるべき姿について語ることは、保護者に何らかの重圧を背負わせてしまうことになるからです。それゆえ、今関さんは、「家族のあるべき姿」について語らないことを徹底し、教育の専門家として、トラブルを子どもの発達課題として捉え返して取り組んでいるように見受けられます。

家族に働きかける唯一の点は、子どもの「自立」への取り組みにおいてです。だから、今関さんは、保護者の責任を問うのではなく、「今はとにかく子どもの最善を考えて」「子どものサインを受けとめて」という言葉で保護者を説得し、保護者は説得され、働きかけに応じるのです。そして、初めて家族のあり方を保護者自ら問い直していけるのです。

今、保護者とどのように関わるかは、教師にとって大きな課題となっています。「子どもの最善のために」という一致点は、保護者と共に取り組むためのポイントといえます。

もう一つのポイントは、「子どもの最善のために」を出発点としながらも、そこに留まるのではなく、おとなたち自身の活動をつくりだしていくことです。

教師と保護者の協力は、おとなにとって「都合のよい子」の育成に陥る危険を内包しています。それゆえ、保護者自身が、伝えたい性教育を立ち上げていくような活動を地域で実現させ、「成長」や「性」などの捉え方を問いながら、子どもとともに、共通の「関心」や「価値」をつくりだしていくことが重要だからです。それは、日常の困難を社会的課題とみなして取り組んでいくシティズンシップ（市民性）の形成へとつながる道でもあります。

「つながる」ことへの希望

本書に納められている実践報告では、低学年の学校に来られない子どもや、人間関係がうまく結べなかった子ども、虐待されていた子どもとその保護者を取り上げ、彼ら／彼女らへの具体的サポートが中心に書かれています。しかし、周りの子どもや保護者との関係が編み直され、その過程で、子どもの成長や自立、家族と子育てなどの捉え方が問い直され、子どもと保護者の関係を確実に開いていったのではないでしょうか。

こうした子どもと家族の現実を踏まえるならば、今、伝統的な家族的価値の回帰を求めるのではなく、マイノリティ家族に育つ子どもも含め、子どもの権利が保障されるように、ネットワークをどのように生成し、次世代育成の責任を家族と社会でどのように分担していくのかを検討することが必要です。そして、学校が、教師、子ども、保護者、地域の人々を巻き込んで、検討する場となる可能性を今関実践は示しています。

子どもの貧困が層となって生じ、児童虐待の増加により養護施設が満杯であると報道されている今日の状況は、「マイホーム」という言葉で家族の理想が信じられた時代と違い、家族を問い直し易くしているといえます。そこに、新たに「つながり」をつくりだす希望もみえるのです。

今関さんの実践に、いつも目を奪われてきました。

それは、新自由主義のシステムにより、「競争」と「効率」が最優先され、ますますトラブルや問題が社会関係から切り離され、個人や家族の「責任」に還元されてしまいがちななかで、今関さんは教育の専門家として、困難な事態を子どもの発達課題として捉え返して働きかけておられるからです。そして、一見教師の力ではどうしようもなく思える事態を打開し、子どもや保護者の新たな「つながり」と「安心できる場」をさまざまにつくりだしておられるからです。

そこには、今関さんの社会と学校、家族に対する鋭い洞察があります。

本書に収められている四つの実践では、カズヤ、愛子、ユキコ、保護者たちが「自立」への新たな一歩を踏み出していますが、今関さんの「まなざし」を受けて、周りの子どもや保護者たちもまた、新たな関係と「まなざし」を発見したのではないでしょうか。

本書は、子どもたちとおとなたちの、孤立から共同へ、の道筋を示しているといえます。

何より、そのことを、本書から学びたいと思います。

あとがき
――私を教師として育ててくれたもの

私は、高校や大学時代の友人からよく、「なんで、今関が教師やってんの。子どもが好きだったとはとても思えなかったし、教師するようにも見えなかったし……。しかも小学校の教師でしょ?」と言われます。確かに若い頃、私はクールで理屈っぽかったのです。体が弱く、生意気な少女でした。そこからは、全く教師のイメージは湧いてこないのも我ながら納得します。

今の私も、容姿からはとても教師には見えないらしく、私の職業を当てた人はいません。でも、いいじゃないか、そんな私が教師をしているってことが面白いじゃないか、イマっぽいじゃないかと、逆に私は思っています。

教師として就職したときはずい分と疑いの目で見られました。当時は〈明るくて、元気〉なのが教師のトレードマークでした。しかし私はその反対に、体は弱く、運動は苦手、無愛想な上に、一風変わっていたのです。「あんなふうで、いつまで仕事が続くだろう」そんなふうに周りの人が思ったのも、今考えると当然のような気がします。

しかし、自分に逆風があたっていること、当てにされていないことは、本人の私はよく承知していました。「何を思われても、仕事はちゃんとするぞ」というのが、自分の意地にもなりました。その逆風があったから、「認められなくとも黙々とがんばる」自分のめあてを持って、自分のために努力する私が育ってきたと、今は確信しています。これが一つ目の私の原点です。

大学を出た年、私は産休代替教師として採用され、あちこちの学校を三カ月ほどずつでまわることになりました。ある中学校に行ったときのことです。熊のように体の大きな男の先生が、廊下に何人もの生徒を正座させていました。そして、その生徒たちの頬を端からビンタをしていくを見て、私は震え上がりました。

それ以上に心の中でズシッときたことは、女性の先生も男言葉（乱暴な言葉）を使い、指導する姿でした。女も男にならないと中学校では指導できないのか、自分らしくあることは許されないのかと大変ショックでした。当時の学校はそうでなければやっていけなかったのでしょう。しかし、若かった私には〈私が私らしく生きることができないこと〉はとても受け入れられることではなかったのです。それで中学校の教師を目指すことをやめ、免許を取り直し、小学校の教師になることにしたのです。

小学校の教師になってから、あちこちの在野の研究団体に一人で顔を出していました。そしてたまたま、全国生活指導研究協議会（全生研）の人と職場が同じになり、誘われてサークルで勉強し始めました。私にとって全生研はとても魅力的なところでした。

当時サークルで中心になって助言をしてくれていた中村稔先生が、あるときこんな話を、私にしてくれました。

「今関さん、子どもはね、教師の力量以上には育たないんだよ」

なんとも優しい言い方のアドバイスでした。先生の私に対する暖かい思いもよくわかりました。と同時に、私は、「これは大変なことだ！」と思ったのです。「力をつけなければこの仕事をやっていくことはできないぞ。私も力をつけて、子どもを伸ばせる教師になりたい！」

そのとき強くそう思ったのです。それが二つ目の私の原点です。

それ以前もそうだったのですが、私はチャンスがあるとよく、隣のクラスや学年の違うクラスでいわゆる「飛び込みの授業」というのをさせてもらいました。なぜかというと、わずか一時間の中で、初めて出会った子どもの心を惹《ひ》きつけ、授業を展開することができるかどうか……。なんともドキドキ、ワクワクすることだったからです。

その体験は私にとって大きな収穫になりました。自分で考えた教材や授業方法で授業をやってみたり、うまくいかなくても何でも挑戦してみました。ピアノの伴奏も引き受け、演奏と伴奏の違いがわかりました。和太鼓を習い、よく習得もしていないのに子どもに教えていたり、自分の好きなダンスや演劇も学校行事の中で、自分なりのアレンジを入れ、楽しみながら、いつも自分に新しいことにチャレンジする目標を持たせ、仕事をしてきました。

「同じことは二度しない。二度目は一度目にはなかったアレンジを入れる」

これも自分なりのポリシーになりました。

私は今でも〈子どもが好き〉なのではなく〈子どもが成長することを指導し、見守るのが好き〉なのだと思っています。それでいいと思うのです。今だからこそ言えることですが、教員になったときの逆風に感謝です。

教員を始めた頃は、ひ弱で、はた目にはいつやめてしまうかわからないほど、頼りない私でしたが、仕事を続けてきました。そのヒケツは〈自分ができることから一歩を踏み出すこと、あきらめないこと〉だと確信しています。これは教師としてだけでなく、人として、どのように生きていくかということと同じだと思います。

私はいつも自分が〈更新〉している、〈進化〉している自分でありたいと思っています。人として生きていく限り、至らなさを自覚し、進歩し続ける人間でありたいと思います。

最後になりましたが、私の実践を本にして出版することを薦めてくださった山田さんには、ご多忙な中、実践を解説していただきました。現代の日本の社会矛盾の中におかれている子どもたち、保護者の状況をどうとらえるかという大きな視点から、私の実践を読み解き、明快に解説していただきました。改めて教師として実践することの意味を確かめることができました。感謝しています。

また一年以上原稿を抱え込みながら、ぐずぐずしている私に、いつも励ましと勇気、アイデアをくださった高文研の金子さとみさん。「この原稿でどこが変なんですか、いいじゃないですか」とむしろ私に自信をくださった代表の梅田正己さん。どこかで研究会があると駆けつけて、そばでじっと見守り支えてくださった飯塚直さん。山田さんはじめ、高文研のスタッフの熱意で、ようやくここまで来ることができました。この場を借りまして、心から御礼申し上げます。ありがとうございました。

二〇〇九年二月

今関　和子

今関和子（いまぜき・かずこ）
日本女子大学文学部史学科卒業。東京都小学校教諭。全国生活指導研究協議会常任委員 。雑誌『生活指導』（明治図書発行）編集委員。余暇には声楽、エアロビクスを楽しむ。
著書に『困った子は　困っている子』『困っている子と　集団づくり』（以上、クリエイツかもがわ）『立ちつくしている教師に送る10章』『荒れる小学生をどうするか』（以上、大月書店）など。いずれも共著。

保護者と仲よくする
5つの秘訣

●二〇〇九年 四 月一〇日――第一刷発行
●二〇一一年一〇月 一 日――第二刷発行

著　者／今関 和子

発行所／株式会社 高文研
東京都千代田区猿楽町二―一―八
三恵ビル（〒一〇一＝〇〇六四）
電話　03＝3295＝3415
振替　00160＝6＝18956
http://www.koubunken.co.jp

組版／株式会社WebD（ウェブ・ディー）

印刷・製本／シナノ印刷株式会社

★万一、乱丁・落丁があったときは、送料当方負担でお取りかえいたします。

ISBN978-4-87498-419-2　C0037